명품 KIN한 생생
FUN한 익산프로젝트

‘우리가 꿈꾸는 세상, 아름다운 문화를 가꾸는 사람들’
아 문 각

지식과교양

상상과 미래에 대한 초청장

'명품 익산프로젝트'는 '익산'이라는 도시를 품격 높은 도시로 만들어 보자는 얘기다. 품격은 어느 부문에서 일정 수준 이상의 높은 우월성을 가지면 이룰 수 있다. 그러나 그런 품격만으로는 완전한 명품이라고 말하지는 않는다. 따라서 전체적으로 품격이 고르게 높으면서, 혹은 여타 도시에 비해 어느 부분이라도 빠지지 않고 차별되는 우수한 도시를 말한다.

옛말에 '썩어도 준치'라는 말이 있다. 뼈대 크기로 말하면 상어보다 훨씬 작으며, 살코기도 참치보다 훨씬 작은 생선이다. 독성으로 보면 복어보다 못하며, 유연성을 보더라도 홍어보다 못하다. 그러나 아무리 외형이나 조건이 변했어도 준치는 준치라는 말이다. 또 비록 몸은 썩었어도 준치라는 옛 명성을 간직하고 있어서 격이 다르다는 말이다.

그럼 익산은 어떤가. 흔히 말하기를 익산을 호남의 3대도시라고 말한다. 호남이라는 단어가 얼마나 크고 거창한지 모르겠지만, 익산시민과 관련 지도자들 모두가 호남의 3대도시라는 위상을 자랑스러워하고 있는 것이다. 그러나 지금은 인구와 문화 조건에서 위태로운데, 백제의 대미를 이루던 익산의 중흥이 걸맞지 않겠는가.

이 책은 익산을 사랑하는 소시민 개인이 작성한 것으로 규모에서나 짜임새에서나 부족하기 한이 없다. 대규모가 아니며, 의사를 소집하여 묻고 여러 사람의 소통도 아니다. 또한 이렇게 하면 좋지 않을까 하는 생각을 전할 방법이라는 글을 적은 것뿐이다.

혹자는 말한다. 익산은 경제가 부족하여 실행할 능력이 없다는 의견이다. 더하여 중지를 모으는 계획을 기다리고 있다는 말뿐이다. 그렇다. 다른 도시에서 시 차에서 지원해줄 것도 아니고, 다른 도시의 시민들이 나서서 자원하자는 명분도 없다.

이런 차에 비교해보면 시에서 돈이 없어서 못 하겠다는 포기를 의미할 수 있다. 명분이 없다면 아무런 계획도 세울 수 없는 것이다. 밑그림을 긋고 하나하나 시작을 해보자.

그러기 위해 먼저 생각할 것은 익산이 과연 호남의 3대 도시는 맞는가 혹은 3대 도시 정도로만 남아 있어야 하는가 생각하지 않을 수 없다. 그렇게 하려면 어떻게 해야 할 것인가가 다음 문제일 것이다. 무슨 일이든 왜 해야 하는지 또는 어떤 목적이 있어서 해야만 하는지 따져보아야 한다는 말이다. 이런 저런 구상과 포부를 언급하며, 익산의 큰 그림을 그려 보자는 것을 제안하는 것이리라.

2016년 세밑
'우리가 꿈꾸는 세상, 아름다운 문화를 가꾸는 사람들'
아문각 고문 한호철

차례

제1부

익산아리랑

익산은 국가가 인정하는 고도로 무려 2천년의 역사를 가지고 있다. 기록이 없는 선사의 세월까지 합하면 3천년이 넘는 유구한 역사다. 이러한 도시에 우리의 민족혼을 가장 잘 드러내는 아리랑이 없는 것은 참으로 안타까운 현실이다. 이에 우리 익산만이 가지는 특성을 살려 익산아리랑을 만들어본다.

우리 익산은 옛 도읍지를 생각하면서 세계에서도 가장 아름다운 서동과 선화의 사랑 이야기를 담아야 한다. 다른 아리랑이 한을 주제로 하였지만 익산아리랑은 사랑과 희망 그리고 평화를 그려야 한다.

익산아리랑

아리랑 아리랑 아라리요
부귀영화 마다하고 임을 찾아 천 리 길
명예권세 뒤로하고 낭군 찾아 만 리 길
둥지 떠난 이 몸 벌써 산천너머 경계로다

아리랑 아리랑 아라리요
아리랑 아리 아리랑

내 님은 어데 있소 낭군은 어데 있소
꿈에 그린 지아비 품안의 온기 런가

아리랑 아리랑

얼싸안고 눈을 뜨니 임금님의 용안일세
국태민안 따로 있나 안빈낙도 따로 있나
천하만민 화평한 태평성세를 이루자

아리랑 아리랑 아라리요
아리랑 아리랑 아리 아리랑

제2부

호남에서 익산의 위상

익산이 정말 호남의 3대 도시인가.

익산이 정말 호남의 3대 도시인가. 하지만 조금만 구체적으로 접근하면 익산이 언제부터 호남의 3대도시였고, 호남은 언제 생겨난 단어인가. 그러면 그 이전에는 익산의 위상이 어떠하였을까. 백제 말기에 익산이 전국 최고의 신흥도시였다는 것은 역사적으로 입증된바와 같다. 당시에는 호남을 지배하던 백제의 여러 고을 중 가장 기대되는 도시였다는 말이다. 백제가 공주와 부여라는 수도를 마다하고, 무왕의 발상에 의해 계획도시 익산을 건설한 역사에 근거한 내용이다.

그렇다면 익산은 현대의 호남 3대도시라는 말에 너무나 얽매

이지 말고, 호남의 최대도시로 거듭나야 하는 것이다. 지금처럼, 익산의 위상을 되찾자고 외치는 마당에는 말이다. 다시 말해 익산을 중흥시키고자 한다면, 말로라도 재건하자고 외친다면, 더 큰 역사를 비유하여 말하는 것이 좋겠다는 뜻이다.

이런 모든 것을 감안하고도, 우리는 꿈과 비전이 없으니 현재 호남의 3대 도시라는 위상을 지키는데 만족하자는 말인가? 그래서 그 꿈이 이루어지면 익산시민들은 행복할 것인가? 그것도 겨우 1995년 도농통합으로 이루어진 호남 3대 타이틀로 도시로 말이다.

② 익산은 왜 명품 도시로 거듭나야 하는가.

지금 우리가 추구하는 호남의 3대 도시는 인구를 기준으로 하는 셈법이다. 물론 구체적이고 객관적인 방법으로 인구를 거론하지 않을 수는 없을 것이다. 그러나 인구가 많다고 하여 반드시 '살기 좋은 도시!' '살고 싶은 도시!'가 되는 것은 아니다. 실제로 인구 2천만 명을 기록하는 멕시코시티와 상파울로, 베이징, 델리, 자카르타, 마닐라 등이 세계에서 가장 살기 좋은 도시로 통하지는 않는 것과 같다.

따라서 우리는 인구도 늘리면서 사람들이 모이는 도시, 누구나 살고 싶어 하는 도시로 만들어야 한다. 비근한 예로 어느 누구 한 사람 도시의 면적을 비교한 적이 있었던가. 아니면 도시별 가계 소득을 비교한 적이 있었던가. 기타 학력이나 재산의 총액으로 비교한 적이 있었던가. 지금까지 말한 호남의 3대도시는 단순한 인구 비교의 한 예일 뿐이다. 게다가 현실적으로 익산을 인구 300만 혹은 1천만 명의 도시로 키울 수도 없지 않겠는가.

우리는 익산에 살면 행복해질 것 같은 생각이 드는 도시로 만들어야 한다. 비록 인구가 최고로 많은 도시는 아니더라도, 비록 경제적으로 가장 풍족한 도시는 아니더라도, 비록 지식과 학식이 넘쳐나는 도시는 아니더라도 누구든지 좋아하는 도시로 만들어야 하는 것이다. 이것이 바로 시민들이 익산에 사는 이유를 부여하는 것이기도 하다.

말하자면 익산은 명품 도시여야 한다는 말이다. 거기에는 마음이 넉넉하고, 생활이 편리하며, 나와 네가 공존하게 될 것이다. 비단, 내 생각만이 그런 것이 아니라 나를 바라보는 남도 그렇게 인정할 수 있는 행복한 도시여야 한다. 다름 아닌 바로 자타가 공인하는 명품 도시를 의미한다.

③
익산! 어떤 명품 도시가 되어야 하는가.

사람이 살아가려면 최소한의 조건으로 의식주를 꼽는다. 이는 가장 기초적이면서 사람의 생명권을 이어주는 부분이라고 말할 수 있다. 그러나 현대인은 더구나 지금의 한국인은 이런 의식주만으로 살아가기에는 너무 복잡한 세상을 살아가고 있다. 입어도 조금은 편리하면서 환경에 적합한 옷을 입어야 하고, 먹는 것도 그냥 배불리기 위해서 먹는 것 외에 먹고 싶은 것을 골라 먹어야 하며, 단순히 바람과 비를 피하는 거처보다는 안락하여 내일을 위한 재충전이 가능한 집을 원한다. 뿐만 아니라 문화가 있고 즐거운 휴식이 있는 삶을 원한다. 한 마디로 행복한 삶을 살아가고 싶어 하는 것이다.

우리가 생각하는 익산은 이렇게 행복한 도시여야 한다. 이것이 바로 '명품 도시 익산'이라는 말에 부합되는 수식어다. 화려하지 않더라도 단정하면서도 개성 있는 의복, 기호 식품을 골라 먹을 수 있는 육체적 경제적 여유, 거처와 휴식을 겸하는 주거 공간, 편리한 이동, 상식과 신뢰로 유지되는 사회, 사회적 약자를 배려하는 시민 정신, 문화 정서적으로 자긍심을 주는 도시, 어떤 주제든 비교하면 반드시 우월성을 갖는 도시, 한 번 찾아온 사람은 언젠가 다시 방문하고 싶은 도시로 만들어야 비로소 명품 익산이 되는 것이다.

④
명품 익산! 무엇이 먼저인가.

혹자는 말한다. 우선 인구 증가가 가장 시급한 문제라고 말이다. 그러나 위에서 보아왔듯이 인구가 늘어난다고 하여 품격 있는 도시가 되고 삶의 질이 높아져서 더불어 행복한 시민이 되는 것은 아니다. 그렇게 되는 것은 우리의 바람일 뿐이며, 도시 학자들의 희망사항일 뿐이다. 기상에 관한한 가장 전문가라는 사람들이 모여, 거기에 550억 원이나 하는 슈퍼컴퓨터를 돌려도 날씨 예보가 매일같이 틀리는 것은 어떻게 설명할 것이며, 최고의 주식 전문가라는 사람들이 증권회사를 차려 억대의 수수료를 받아가지만 정작 본인은 주식 투자에서 항상 적자를 보는 것도 설명할 수 없는 현실이다.

따라서 우리 익산이 가장 시급하게 해결해야 할 문제는 인구 증가가 될 수는 있지만, 그것만 해결되면 모든 것이 만사형통이라는 말은 정답이 아니다. 오히려 더 복잡해지고 어려운 문제들이 쌓이기 전에 하나씩 해결해가는 것이 한층 더 행복한 도시를 만드는 지름길이 된다는 것도 염두에 두어야 한다.

그러기 위해 인구를 늘리기 위한 노력은 그대로 진행을 하되, 다른 한편으로는 현재의 구조를 개선하는 방법을 택해야 하는 것이다. 어쩌면 명품 익산을 만들면 인구가 저절로 증가하게 될지 누가 알겠는가. 나는 이런 후자를 택하자고 주장하는 바이다.

현재 익산이 가지고 있는 인프라 혹은 여건을 그냥 나쁘다고 탓만 할 것이 아니라, 최대한 활용하고 개선하여 많은 사람들이 기꺼이 동참하고 즐거운 마음으로 살아갈 수 있는 도시로 만들어야 한다고 생각한다. 말하자면 현재 익산 시민들이 만족하며 행복감을 느끼는 도시로 만들어야 한다는 말이다.

유럽연합의 국가들이 정치적 난민을 거부하고, 미국 공화당의 대선 후보 도널드 트럼프가 불법이민자를 추방하겠다고 하는 것도 인구 증가를 몰라서 하는 말은 아닌 것이다. 또한 참새, 참깨, 참조기, 참나무, 참빗, 참붕어, 참숯, 참매미 등은 현재 존재하는 것 중에서 가장 멋있는 것이라는 뜻에서 붙여진 이름이 아니겠는가. 이들은 크기나 빛깔에 따라 붙여진 이름이 아니라 그들의 특성에 따라 대표하는 성격을 띠게 된 것이다.

제3부

명품 KIN한 익산 프로젝트

정치

정치란 정치인에 의해 선도되는 모든 것을 포함한다. 정치인 혹은 정당이 내건 목표는 물론이며 그에 따른 결과까지도 정치의 범위에 넣어야 한다. 이것은 단지 정치인 한 사람의 언행이나 이상이 문제되는 것은 아니다. 그가 속해있는 정당, 그리고 그를 추종하는 사람들에게 관한 문제까지도 같은 범주에 포함시켜야 하는 것이다. 이러한 정치 분야의 개선점은 다른 전문가들이 다른 기회에 충분한 설명이 있을 것으로 믿어, 여기에서는 간단한 소시민의 의견 몇 가지만 적고자 한다.

1) 정치인은 자기반성이 있어야 한다.

정치인은 정치를 하는 목적이 자기 자신의 안위와 영달을 위해서 하는 것은 아니어야 한다. 정치는 한 나라 혹은 어떤 지방을 이끌어가기 위한 수단으로 활용되어야 하는 것이다. 이런 차원에서 본다면 정치인은 대의를 위하고 보편적이며 타당성 있는 목표를 세우고 그에 따라야 할 것이다.

그러나 상당수 정치인은 정치를 하는 목적을 자기 자신의 명예와 권력의 수단으로 삼는 경우가 허다하다. 그런 사람들은 정치인이 되었을 때 그리고 어떤 직위에 올랐을 때 비로소 그 본색을 드러내게 되는 것이다. 말하자면 무소불위의 권력을 휘두르거나 자기를 선택해준 시민 혹은 국민들을 마치 자기 하수인 부리듯 얕잡아 본다는 말이다. 이것은 시민의 대변자로서의 공복이 아니라 거꾸로 자신이 상전이며 시민을 공복으로 보는 시각에서 나온 행동들임을 반성해야 한다.

그리고 그런 정치인은 반드시 어떤 절차를 거쳐 응분의 대가를 치르게 하고, 다음 선거에서 응징하여야 하는 것이다. 뿐만 아니라 그가 속한 정당의 후보에 대해서도 버금가는 조치를 해야 한다. 그 이유로는 당시 정치인으로 인하여 입은 국민 혹은 시민의 피해는, 공복이 상전을 무시하여 얻은 피해이므로 그에 상응하는 처벌을 해야 마땅한 것이다.

이런 행위를 그대로 내버려 두는 것은 쿠데타에 의해 현재의

체제를 전복하는 행위라고 할 수 있다. 쿠데타는 기존에 정해진 규칙을 준수하지 않고 거스른 행위로, 상급자와 하급자의 위치가 상호 역전되는 것을 바로 이르기 때문이다. 주인과 공복의 위치를 망각하고 거슬러 역전시킨 자는 쿠데타에 적합한 형벌을 가함이 합당한 것이다. 그러나 현재 우리는 너무나 큰 관용을 베풀고 있다. 공복이 상전을 무시하고 능멸해도, 다음에 만나면 헤헤 웃으며 깊이 반성했다고 하잖아 하면서 또 다시 밀어주는 그런 누를 스스로 범하고 있는 것이다.

2) 거짓말을 하지 않아야 한다.

정치인은 자기가 한 말을 언제 그랬느냐는 듯 하는 행동을 하면 안 된다. 그를 믿고 따라준 사람들에게 신뢰를 주고 상식이 통할 수 있는 사람임을 알려주어야 한다. 더구나 거짓말을 하면 안 된다. 어제는 안 그런다고 하더니 오늘은 사정이 바뀌어 어쩔 수 없다는 말을 해서는 안 된다. 물론 정말로 사정이 변하여 바뀔 수밖에 없는 경우도 있다. 그러나 평상시 하는 언행이 어제와 오늘이 달라서는 안 되는 것이다.

3) 자신보다 시민을 먼저 생각해야 한다.

유권자의 선택에 의해 뽑힌 사람들은 유권자의 대변자일 뿐이다. 그래서 항상 유권자가 어떤 생각을 하고 어떤 요구사항을 토로하는지 생각하여야 한다. 그것을 자신 개인의 이익에 우선하여 해석하면 안 되는 것이다. 알량한 권력을 쥐었다고 그것을 이용하여 사리사욕을 채우면서 다른 사람에게는 엄격한 잣대를 들이대는 것은 해서는 안 되는 일에 속한다.

개인적으로는 지금 당장 하고 싶은 일이라 하더라도 이것이 진정 해도 되는 일인지 다시 한 번 생각하고 행동해야 한다. 음주운전, 폭력이나 폭언, 미풍양속에 저해되는 행위, 상대방이 손해를 입을 것을 알면서도 고의로 행한 잘못, 선량한 사회의 악으로 꼽히는 일들을 행하는 것 등 선택해준 유권자를 의식하지 않는 일을 해서는 안 된다. 선택된 대표가 되기 전에 먼저 사람이 되어야 한다. 무슨 일이든 국민 그리고 시민을 위하는 올바른 판단을 할 수 있는 자질과 능력을 갖추어야 하는 이유가 바로 여기에서 나온다.

시민의식

시민은 누구나 시민의식이 있다. 그러나 그 의식의 정도에서 차이가 나며, 우리는 그것으로 시민의 척도 즉 시의 비교 기준으로 삼는다. 예를 들면 모두가 바른 언어를 사용하며, 공경심이 강하며 그대로 실천하면 어딘지 모르게 정다운 도시라는 이미지를 갖게 된다. 그러나 거친 말씨와 험한 말을 사용하면 그것도 한두 사람이 아니라 모든 시민이 그렇다면 처음 오는 사람이라 할지라도 그 도시를 아주 부담스러운 도시 즉 거부감을 느끼는 도시로 여기게 된다. 이렇게 하찮은 일 하나부터 보이지 않는 세세한 부분까지 모든 면에서 시민의 의식이 배어있는 것이다.

따라서 익산에 사는 시민이라면 누구든지 높은 품격을 지닌 시민의식으로 더불어 살고 싶은 익산으로 만들어야 할 것이다.

1) 순화된 언어를 사용한다.

요즘 청소년들과 장년 혹은 노인층은 서로 대화하기에 부담이 있다고 한다. 그것은 세대 차이는 그렇다 치더라도 하루가 멀다 하고 새로 생겨나는 신조어 때문에도 그런 생각을 하게 될 것이다. 흔한 예로 들어 설명되는 버카충이나 솔까말은 그런대로 애교라도 있어 보인다. 하지만 뇌섹남이나 개재미 혹은 개꿀잼 등은 사용하지 않는 것이 좋을 단어들이다.

뿐만 아니라 비속어나 욕설이 무차별로 사용되고 있는 현실에서, 이러한 단어들은 세뇌 당하기 전에 고쳐야할 언어풍속이라고 본다. 지금은 새로운 단어로 남들과 차별화되어 좋은 듯 보이지만 영원히 사용할 단어도 아니며, 성인이 되면 금방 잊혀

질 단어들은 골라내고 사용하는 것이 좋다.

이와 더불어 성인들의 대화도 마찬가지다. 공공장소에서 큰 소리로 이야기 하거나 쌍욕을 달고 사는 사람도 있는데, 교양 있는 말씨는 대화하는 상대방은 물론이며 익산을 찾는 이방인 들에게도 좋은 이미지를 준다. 이런 것들이 모여 살고 싶은 익산, 다시 오고 싶은 익산이 되는 것이다. 일일이 언급하지 않더 라도 순화된 언어와 절제된 행동을 하는 것은 아름다운 익산을 만드는 첫걸음이 된다.

2) 배려하는 행동을 한다.

가끔 매스컴에서 수재민 돕기나 어려운 이웃을 돕기 위한 모금에 많은 사람들이 동참하는 것을 본다. 특히나 IMF때에 금 모으기 운동을 하였을 때에는 모두가 하나로 뭉쳐 정성을 더했다. 이것은 우리나라 사람들이 모두가 선한 마음씨를 가졌다는 증거의 하나다.

그러나 이처럼 누군가가 나서서 주창하고 이끌어 가면 남을 돕는데 동참하는 사람들도, 자기 자신이 주체가 되어 개인적으로 남을 돕는 데는 인색한 면이 강하다. 사실 인색하다기보다는 어떻게 하면 남을 돕고 같이 행복해질 수 있는지 그 방법을 잘 모른다고 해야 맞을 것이다. 고기도 먹어본 사람이 잘 먹는다는 속담도 있듯이, 우리 시민들은 각자가 행하는 배려에 대하여 어떻게 해야 되는지 잘 모르고 있는 것이다.

하지만 다시 생각해보면 남을 배려하는 것은 그리 어렵지 않다. 내가 남 대하기를 마치 내가 나 대하듯 하면 되는 것이다. 상대방을 내 가족처럼 생각하면 되는 것이다. 그런데 이런 것들은 하루아침에 만들어지지 않는다. 오랜 세월동안 시행착오를 거쳐 많은 사람들이 노력한 이후에, 그 수고를 먹고 정착하는 것이다. 그러니 지금부터라도 열심히 노력해야 조금 후에 그 빛을 볼 수 있을 것이다.

여러 사람이 사용하는 식당에서, 내 아이 기를 살리기 위해서라면 아무리 떠들고 뛰어 다녀도 상관없다는 사고방식이 대표적인 사례이다. 이때 누군가가 나서서 제재하고 통제를 한다면 그 사람들은 분명 큰 싸움을 하고 말 것이다. 그러나 너도 당해봐야 한다고 말하면서 내 자식도 그렇게 뛰어다니라고 맞불을 놓으면, 이 사회는 금새 망가지게 되는 것이다. 개인주의와 이기주의가 만연한 사회가 되고 만다.

교차로에서 양보하는 것, 막무가내로 끼어들거나 무조건 내가 먼저를 주장하지 않는 것, 노약자를 우선으로 생각해주는 것, 청소년의 미래를 걱정하며 용기를 북돋우는 것, 사회적 약자에게 기회를 주는 것, 공중도덕을 잘 지키고 공공물건을 아껴 쓰는 것, 내가 한 행동으로 다른 사람이 피해를 입지 않도록 하는 것 등이 바로 시민의식을 높이는 요소들이다.

사실 이런 것들은 여기서 일일이 열거하지 않아도 모두가 다

아는 사항들이다. 이미 유치원에서부터 초등학교 때에 다 배운 것들이기 때문이다. 그런데 잘 지켜지지 않는 이유는 바로 남보다 내가 우선이라는 생각이 팽배하기 때문이다. 나 외에는 다른 사람은 필요 없다는 생각이 지배적이기 때문이다. 모두가 배려가 부족한 원인이다.

익산을 찾는 초행길의 이방인에게 길을 양보하고 바른 안내를 한다면 그 외지인은 익산에 대한 좋은 인상을 가지게 될 것이고, 훗날 기회가 되었을 때에 익산에 대한 칭찬을 할 것은 당연한 일이다. 남을 위한 배려가 그리 어렵지만은 않은 것이다.

사회 질서

사회 질서는 다른 사람과 비교하여 나의 차례를 기다리는 것부터 시작된다. 이때 나의 순서를 강요하거나 내가 먼저라고 생각하면 벌써 사회 질서가 무너진 것이다. 배려와도 연관이 있겠지만, 물 흐르듯 다투지 않고 정연하게 흘러야 하는 것이 바로 질서다. 남이야 어떻게 하든 말든 나 할 일만 하면 된다는 생각은 사회 질서를 어지럽히는 주요 원인이 된다. 이러한 사고방식은 내가 버린 쓰레기를 치우기 위해 너의 직업이 존재하니, 내가 쓰레기를 버리는 것에 대하여 감사해라 하는 발상과 같은 것이다.

1) 교통 신호 잘 지키기

우리는 바쁜 세상을 살고 있다. 누구든지 오라는 곳은 없어도 갈 곳은 많은 세상이다. 그래서 각자가 자가용을 타고 필요에 의해 움직인다. 이때 교통량이 많은 곳에는 항상 신호등이 있게 마련인데, 이 신호를 잘 지키는 것이 사회 질서를 잘 지키는 것이다. 내가 가야할 시간이 아닌데도 굳이 가겠다고 하면 다른 사람과 부딪치게 되고 사고가 나고 만다. 응급 상황이 아니면 신호는 지키라고 있는 것이다.

만약 나 하나쯤이야 한다면 운전자 모두가 이런 생각을 하게 된다는 것을 알아야 한다. 그러면 신호 체계는 무용지물이 되며, 오히려 시간도 더 많이 걸리고 신경도 더 써야 하는 어려움이 따른다. 또한 예기치 않은 사고로 인하여 다치고 재산상의 손해도 감수해야 한다.

여기에는 교통과 관련하여 정해진 모든 규칙이 포함된다. 예를 들어 음주운전이나 역주행을 하지 않는 것도 포함된다. 또한 무면허 운전이나 대포 차량 등의 운행도 하지 않아야 한다. 좁은 길에서는 상대방의 차량 진행 상태를 보아가면서 진입하고 어디서 교차할 지를 판단하여 운전하는 등 차량 운전 제반에 관하여 법규를 지켜야 한다.

교통사고는 나 혼자 다치고 손해를 당하는 것이 아니라, 전혀 생각하지도 않았던 상대방이 다치고 경제적 손실을 입게 되기 때문이다. 미처 예견하지 못하는 행동의 사고를 유발시키면 모든 책임을 원인 제공자의 잘못으로 몰아가야 한다. 남에게 손해를 끼치지 않는 것은 이렇게 나의 잘못으로 인정하는 데서 출발하는 것이다.

2) 무단횡단을 하지 않는다.

사람들은 바쁘다는 이유로 횡단보도가 아닌 도로를 건너기도 한다. 그러나 실제로 바빠서 그런 경우는 거의 없고 그냥 일상적으로 무단횡단을 하는 경우가 대부분이다. 그런데 이렇게 무단횡단을 하는 경우 진해하는 차량의 거리를 보아가면서 무단횡단을 하는 것도 아니며, 차가 오든지 가든지 전혀 신경 쓰지 않고 자기 마음대로 건너가는 것이 현실이다. 어떤 때는 빠르게 달려오는 차량을 보면서도 일부러 천천히 건너가면서 제발 와서 치어달라고 애원하는 듯한 인상도 받는다. 보험 사기까지는 아니더라도 교통사고로 인하여 그냥 편히 쉬어보자는 것인지, 아니면 운전자는 골탕을 먹어야 한다는 것인지 분간하기 어려울 때도 있다.

사실 본의 아니게 바빠서 무단횡단을 하였다고 치자. 그럼에도 불구하고 차량이 없는 아주 안전한 경우에만 무단횡단을 하여야 한다. 나로 인해 상대방 즉 운전자가 손해를 보아서는 안 되기 때문이다. 그런데 무단횡단을 하면서 핸드폰으로 통화를 하는가 하면 심지어 게임을 하면서 가는 경우도 비일비재하다. 이것은 사실 자살 행위와 다름없다. 갈 길이 바쁜 운전자가 자신도 상대방을 배려하지 않고 자신의 행동에만 신경을 쓴다면 그대로 사망사고로 이어지는 것을 알아야 한다. 무단 횡단자는 건너도 되며, 운전자는 그냥 가고 싶은 대로 가면 안 된다는 사고방식이 벌써 상대방에 대한 배려를 잊은 행동이다. 이런 때에 하고 싶은 말은 무단횡단을 하다가 사고가 나면 운전자의 잘못이 아니라 전적으로 보행자의 잘못으로 인정하는 법이 있으면 좋겠다는 것이다.

요즘 무단횡단이 어른은 물론이며 청소년 특히 학생들까지도 아무렇지 않게 생각하고 행하는 것은 참으로 아찔한 생각이 든다. 이런 마음을 가진 학생들이 자라서 국가의 동량이 되고 사회의 주역이 된다면 우리 사회는 온통 무질서로 혼탁해질 수밖에 없기 때문이다. 지금은 비록 질서를 안 지켰지만 나중에 커서 어른이 되면 잘 하겠다는 생각은 추호라도 하지 말아야 한다. 어릴 적에 버릇이 들었던 것을 어른이 되어 고치려 한다면 매우 힘든 고난의 과정을 겪어야 하며, 그렇게 하여도 고쳐지는 경우는 거의 없기 때문이다. 세 살 버릇 여든까지 간다는 말이 괜히 생겨난 말이 아님을 알아야 한다.

3) 쓰레기 함부로 버리지 않기

우리는 아무런 의식 없이 길거리에 쓰레기를 버리는 사람들을 종종 본다. 이들은 쓰레기를 버리면 누군가가 치워야 한다는 생각 자체를 하지 않는 사람들이다. 그냥 내가 쓰레기를 버리고 싶으면 버리면 되는 것이다. 그것을 치우는 사람은 누군가가 치우든지 말든지 아예 처음부터 생각을 하지 않는다. 만약 쓰레기를 치우는 사람이 없으면 또 무슨 큰일이라도 나는 듯이 걱정이냐는 식이다.

그런데 어느 지자체에서 쓰레기를 버리지 말자고 홍보를 하였으나 도시는 여전히 쓰레기로 넘쳐났다고 한다. 그래서 생각하다 못해 곳곳에 쓰레기통을 가져다 놓으니 많은 사람들이 쓰레기통에 쓰레기를 버리는 바람에 거리는 훨씬 깨끗해졌다고 한다. 그런데 어느 지자체는 그것은 시민의식의 문제라고 하면서 아예 쓰레기통도 없애버렸다. 그러면서 시민들은 쓰레기를 다시 가져가서 자기 집에 버리라고 하였다. 그러나 그 도시는 예전과 같이 많은 쓰레기들로 지저분하고 볼썽사나운 도시가 되었다. 말하자면 버릴 것을 버릴 수 있는 곳이 있어야 한다는 말이다.

그러나 그렇게 꼭 버려야 할 쓰레기는 무엇일까 생각해보면 그리 많지 않은 것을 알 수 있다. 가장 많이 버리는 것이 담배꽁초이지만, 다음으로는 애완동물의 배변이라고 한다. 전자는 길거리 아무데서나 이루어지지만 후자는 어느 특정 거리에서 주로 이루어진다. 예를 들면 많은 사람이 모이는 공원이라든지 잔디밭이 있는 자투리 공간 등에서 자주 일어나는 행위다.

그런데 사실 이 두 가지는 생각하기에 따라서는 쓰레기를 전혀 발생시키지 않을 수도 있는 것들이다. 반대로 아무리 쓰레기통이 많이 있다고 하여도 언제 어디서나 아무 것이라도 버린다면 금새 쓰레기통이 넘쳐나고 도시는 다시 지저분하게 변할 것이다. 잘 치우기 전에 먼저 안 버리면 더 깨끗한 도시가 될 것은 가장 빠르고 확실하니까 말이다.

더하여 착한 사마리아인법도 중요하지만, 반대로 좋은 일 착한 일을 하다가 생기는 부작용 혹은 선의의 피해에 대해서는 전적으로 그 부당 행위를 한 사람에게 구상권을 청구하는 법이 만들어져야 할 것이다. 공공장소에서 담배를 피우지 말아달라고 말했다가 따귀를 얻어맞은 아기 엄마처럼 선의의 피해자가 나와서는 안 되는 것이다.

문화인프라

1. 황등 채석산을 유명 관광지로 만들자

문화는 대도시에서 중소도시로 흘러가게 되어있다. 익산처럼 지방의 중소도시는 여타 대도시에서 행하는 방식으로 문화를 접근하면 안 된다는 말이다. 우리는 우리 에게 걸맞는 우리식대로 가꾸어야 한다.

황등역이 노랫말에 나오는 고향역으로 거듭나면 이와 연계하여 황등산을 관광 명소로 만들어야 한다. 예로부터 익산이 산으로부터 이로움을 받는다면 이제 화강석이 그 수명을 다해가는 시점에서 또 다른 익산의 당위성을 찾아야 한다. 이런 차원에서 황등의 채굴이 끝난 석산에 대하여 관광자원으로써의 활용을 적극 검토할 필요가 있다.

| 황등 채석장과 도구 |

1) 황등이 화강석의 고장임을 알리는 조각품을 도로변에 세운다.

고향역인 황등역에서 황등산 즉 채석장으로 가는 도로변에는 황등 토산물인 화강석으로 만든 조형물을 세운다. 도로변 양쪽에 각각 10m 이내로 세워 처음부터 끝까지 빠지지 않도록 배치한다. 이는 다른 곳에서는 볼 수 없는 것으로, 비용이 들어가더라도 반드시 특화시켜야 할 부분이다. 훼손되면 다시 세워, 30년 혹은 50년 후에는 전국 아니 세계적으로 이름난 고장이 될 수 있도록 한다.

| 무인상 |

조형물의 주제와 규모 등은 해마다 도제 수업을 받는 석공의 후예들이 만들고, 그것을 저렴한 가격으로 구입하면 된다. 반드시 아름답고 이름 있는 작품이어야 하는 것은 아니다. 누가 만들었든지 성의껏 열성을 가지고 만든 작품이면 된다. 처음 시작

하기가 어려워서 그렇지 한 번 만들어 놓으면 오래 가기 때문에 아주 효율적인 가치를 지닌다.

오고 가는 길이 단 한 방향만 있는 것은 아니므로, 황등산으로 가는 모든 길에 빠지지 말고 세워 황등! 하면 석조형물의 도시라는 이미지가 떠오르도록 해야 한다.

2) 석굴을 파서 지하 도로를 만든다.

폐광산촌에서 흔히 볼 수 있는 것처럼, 지하에 돌로 된 굴을 판다. 그래서 전국 유일의 아니 세계 유일의 인공 석동굴을 만든다. 물론 굴의 크기는 높이 10m 혹은 폭 30m 등의 거대한 동굴이 아니어도 좋다. 다만 모노레일 자동차가 다닐 정도면 된다. 훗날 관광자원으로써 활용하기 위함이다. 높이와 폭은 그렇게 크지 않더라도 석동굴의 길이는 길어야 한다. 그래서 입구로 들어간 인원들이 다른 출구로 나올 때까지 많은 것을 보고 느끼며 배울 수 있어야 한다.

할 수만 있으면 순환지하철처럼 황등면사무소 뒤에서 시작한 석산은 한 바퀴 돌아 나온 뒤, 지상의 일반 도로를 지나 도선마을의 석산에 도착하면 다시 지하 석동굴로 들어가는 코스면 더욱 좋을 것이다. 말하자면 지하와 지상을 넘나드는 코스다. 물론 중간에 지나가는 국도나 철길이 있지만 그것은 적절한 방법으로 우회 교차할 수 있는 방법을 모색하면 된다. 너무 멀어 피곤하면 중간에서 돌아올 수도 있다.

가족끼리 걸으면서 이야기도 하고, 조용히 사색을 하는가 하면, 작은 인공 시내를 건너다가 지친 다리도 쉴 수 있으면 더욱 좋겠다. 도로는 인공 조명으로 어둡지 않도록 밝히며, 구간별로 색상이 다른 조명으로 지루하지 않도록 한다.

3) 석산에 석호텔을 짓는다.

한 겨울이면 하얼삔에서 얼음축제가 열리며, 얼음호텔이 등장한다. 아이디어를 내다내다 이제는 극한적인 방법까지 등장한 것이다.

이와 관련하여, 황등은 석호텔을 운영한다. 돌로 된 도로, 돌로 된 침대, 돌로 된 문, 돌로 된 쟁반 등 모든 것이 돌로 되어있으며, 거기에 머무는 사람만이 다른 상태인 것이다. 여건상 추운 겨울에는 운영하기가 어렵겠지만 반면에 더운 여름에는 인기가 있을 것이다. 필요하면 매트와 배게 등 최소한의 용품만 준비하면 된다. 물론 장기 투숙이나 완벽한 숙박을 위한 코스는 아니다. 그냥 관광자원으로서의 목적만 달성하면 된다.

석호텔의 운영이 잘 안되면 나중에 공동회의장 혹은 단체관람객 집회장으로 활용할 수도 있다. 따라서 석도로에 이어 석호텔의 운영은 흥미로운 아이템이 된다.

4) 폐석산에 물을 채워 인공 호수를 만든다.

황등의 전유물인 석호텔 혹은 석도로의 시작은 뱃길이다. 따라서 채굴이 끝난 곳에 물을 채워 호수를 만든다. 그리고 기본적인 이동은 나룻배를 타고 가는 것으로 한다. 담수된 면적에 따라 나룻배를 타고 관람하는 코스가 얼마나 될지는 명확하지 않지만, 규모에 따라 그 자체로써 관광자원도 될 수 있다.

날씨가 더운 날에는 입구 즉 출발점에서 뿜어 올리는 분수의 물기둥 사이로 나가는 관람객들은 더위를 한 방에 씻을 수 있다. 중간 중간 뿜어 올라오는 수중 분수를 통해 계속하여 물기둥 사이로 지나갈 수도 있다. 요즘 익산 시내에 곳곳에 설치된 물놀이장은 한 여름의 열기를 식히는 주요 매체가 된다. 그러나 집중과 선택! 어디에 집중할 것이고 어떤 것을 선택할 것인가가 문제다.

그러기에 굳이 집 앞 물놀이장은 아니더라도 황등 정도의 거리라면 그것도 익산 시내권역이라면 충분한 가치가 있다고 본다. 한 달 남짓 운영되는 물놀이장 설치비와 관리비를 계산하면 황등 인공 호수는 그럴만한 효용가치가 충분한 것이다. 시민들도 하루를 즐기고 오기 위하여 기꺼이 찾아갈 용의가 있다. 굳이 대아리나 경천 혹은 운주계곡을 찾아 나설 필요가 없는 것이다.

5) 절벽과 절벽 사이에 출렁다리를 만든다.

절벽과 절벽 사이에는 마치 유격장처럼 외줄로 된 출렁다리를 만든다. 너무 높지 않은 물위에서 바로 보이는 정도로 하면 안전하고, 보는 사람도 좋을 것이다. 외줄이 무섭다면 편히 지나갈 수 있는 평판 다리를 추가하면 된다. 이는 일반인들이 나룻배를 타지 않고 걸어서 갈 수 있는 또 하나의 접근로가 되는 것이다.

인구가 적은 익산은 다른 곳의 휴양 겸 문화 휴식지로서의 면모는 갖추기 어려운 것이 현실이다. 따라서 철저하게 관광과 휴양 시설로써 접근하여야 한다.

6) 황등산의 동쪽에 수목원을 만든다.

요즘 유명한 곳에는 의래 수목원이 따른다. 보통은 개인이 그것도 20년 혹은 30년에 걸쳐 조성한 곳들이 대부분이다. 그러나 황등은 그럴 시간적 여유가 없다. 따라서 시에서 주관하여 황등수목원을 만들어야 한다. 황등산 즉 황등 인공 호수를 보로 오는 사람들이 그에 어울리는 수목원 하나쯤은 보고 싶어 한다. 아니 보고 싶어 하지 않더라도 보여주어야 한다. 이렇다 할 볼거리가 없는 마당에 인공적인 수목원 하나라도 있어야 하지 않겠는가.

황등수목원은 황등 인공호수에서 그리 멀지 않은 곳에 있어야 한다. 게다가 눈으로 보아 바로 코앞이면 더욱 좋다. 그래서 차상마을이나 차하마을정도면 적당할 것이다. 그곳은 황등산의 동쪽으로 햇살이 좋고, KTX가 지나고 23번 국도변이라서 오고가는 사람들에게 충분한 선전효과가 있을 것이다.

앞서 제안한 '익산시 30만 그루 나무 심기 운동'에 맞물려 일석이조가 될 것이다. 말이 수목원이지만 거기에는 반드시 꽃이 주종을 이루어야 한다. 그것은 환경을 바꾸는 것도 중요하지만 관광적 수목원으로서는 반드시 보는 즐거움이 있어야 하기 때문이다. 그것도 어느 한 계절에 치우치지 않고 사계절 고루 볼 수 있으면 더욱 좋을 것이다. 규모도 반드시 거대할 필요는 없다. 대략 2만여 평 즉 7만m^2 정도 이상이면 된다.

7) 황등산에 채석박물관을 만들어야 한다.

전국 어디를 가든 그 고장에 맞는 박물관이 있다. 물론 아주 거창하게 국립박물관은 아니지만, 그 나름대로 소개와 이해를 돕는 정도면 훌륭하다. 석탄박물관, 미술박물관, 인쇄박물관 등 이루 셀 수 없이 많은 특정 박물관이 존재한다. 이런 차원에서 황등에도 석재박물관을 설립하여야 한다. 그것은 황등산 그것도 폐석산에 만들면 된다. 기존의 석산 채굴 방식과 현재의 비교, 도구의 비교, 석산 채굴량의 변화, 전국의 분포도, 도제방식의 변천, 옛 운반방식에 따른 사진, 옛 조형물의 사진 등 석재와 관련된 자료를 모아 박물관을 만들면 된다.

익산에는 익산지방 국토관리청과 더불어 함열에 있는 한국광물자원공사의 마이닝센터가 있다. 이런 기관들은 비록 익산 중소도시에 존재하지만, 전라남북도와 제주도에 이르기까지 널리 관장하는 주요 기관이다. 따라서 이런 기관을 잘 활용하는 것은 물론이며, 행여 다른 도시로 빠져나가지 않도록 철저한 감시와 필요성을 강조하여야 한다. 그런 차원에서 볼 때에 마이닝센터(자원인력개발원)를 적극적으로 활용하고, 그런 기관에 또 다른 임무를 주어 우리는 하나라는 인식을 부여할 필요가 있다. 마이닝센터는 광물의 보유와 생산 그리고 그 활용에 대한 전반적인 연구를 담당하므로 우리 익산의 화강석에게는 아주 좋은 여건이라 할 수 있다. 다시 말하면 이런 기회를 놓쳐서는 안 된다는 말이다.

명칭은 채석박물관 혹은 석재박물관 등 여러 사람의 의견을 모아 다시 생각하면 된다.

8) 결론

황등에는 전국 유일의 채석박물관을 만들어야 한다. 기존의 황등 채석산이 화강석으로써의 그 명성을 다했다면 이제 다음 작품으로 명성을 이어가면 되는 것이다. '전국 유일의 돌 테마

공원'으로 만들고, 익산 시민이 그곳을 사랑할 수 있도록 해야한다. 그러면 전국적으로도 이름이 나서 특수 목적으로 찾아오는 관광객이 생겨날 것이다. 익산은 돌에 관한한 아비지와 아사달로부터 이어지는 석공예 기술과 전국 최고의 질 좋은 화강석으로 천혜의 조건을 가지고 있으니 이런 기회를 놓치지 말아야할 것이다. 그러나 남과 같이 해서는 남보다 더 많은 관광객을끌어 모을 수 없다는 것도 명심해야 한다. '돌! 하면 황등!'이라는 등식을 만들어 내야 한다.

2. 노래 고향역의 주인공 황등역 홍보

대중가요 중에 '고향역'(1971년 가수 나훈아)이라는 노래가있다. 코스모스가 피어있는 열차 역으로 유명한 노래인데, 그노래의 발상지가 바로 황등역이었다는 것도 다 아는 사실이다. 그런데 이런 황등역에 대한 홍보는 아직 전무한 상태이다. 다른지역에서는 유명세를 타기 위하여 역명을 바꿔가면서까지 홍보에 열을 올리고 있는데, 이에 비해 익산은 너무나 소극적인자세를 보여 대조적이다.

예를 들어 한국철도였던 경춘선의 경우 옛 신남역(新南驛)이1939년 7월 20일 영업을 개시하였으나 세월이 지나면서 여객의 감소로 여객 수송이 중단되면서 화물 전용역으로 바뀌었으며, 이마저 여의치 않아 2010년 9월 1일 폐쇄되기까지 하였다.

그러다가 2010년 12월 21일 경춘선의 전철이 개통되면서 부활한 경우가 되겠다. 그런데 춘천시 신동면에 있는 역의 이름은 신남역에서 2004년 12월 1일 김유정역으로 바뀌었고, 이제는 순전히 이런 '김유정역'을 목적 삼아 보러 가는 사람도 생겨났다. 사람의 이름이 역명으로 바뀐 것은 이번이 처음이며, 춘천이 낳은 작가 김유정을 기리는 작업 중의 하나로 풀이된다.

| 고향역의 황등역 |

그러면 김유정역은 무엇이 유명하여 사람을 불러 모으는 것일까.

사실 김유정역은 그리 특별할 것이 없는 역에 지나지 않는 평범한 역이다. 우선 역 명이 사람 이름이라는 것은 특이하지만, 주변에 손님을 맞을 식당이 여럿 있고, 폐기차를 갖다 놓고 눈요기를 주는 것 등 크게 유명할 것은 없다.

역 주변의 식당으로 말하자면 사람만 모이면 하지 마라해도 투자자가 나설 것이니 염려할 것도 없으며, 음식 역시 전라도 음식 그 중에서도 황등에서 전국적 유명세를 타고 있는 비빔밥을 위시하여 새로운 메뉴를 한두 가지 개발하면 전혀 밀릴 것도 없다. 또한 기차로 승부를 걸자면 곡성 테마파크보다 훨씬 못한 곳이 바로 김유정역이다. 그러니 황등역 역시 하루를 즐길 수 있는 공간으로 만들어 전국적인 홍보에 나서야 할 것이다.

그런 홍보 방법으로 다음과 같은 소재를 들 수 있다.

1) 역 명을 황등역에서 '고향역'으로 변경한다.

노랫말의 제목인 고향역이 바로 1943년 3월 6일 영업을 개시한 황등역을 지칭한다는 것은 이미 전 국민이 아는 사실이니 역명을 바꾸는 것도 그렇게 어렵지 않을 것이다. 다만 '고향역'은 일반명사로 고유명사가 될 수 있는지에 대해서는 의문이 되기도 한다. 그러나 처음부터 미리 겁을 먹고 나서지 않는다면 그것은 안 될 말이다. 설사 역명이 변경되지 않는다 하더라도 황등역에서 고향역으로 바꾸기 위한 노력 자체가 이미 전국적인 유명세를 부르는 홍보이기 때문이다.

2) 고향역의 주체는 황등역이어야 한다.

노래에 등장하는 역을 황등역에서 익산역으로 바꾸고자 하는 일은 절대로 없어야 한다. 익산역이 황등역의 자원을 빼앗아가는 일을 해서는 안 된다. 익산역은 익산역 나름대로 새로운 전략을 짜서 관광 고객을 유발해야 하는 것이다. 고향역이 번화가인 익산역으로 바뀌면 옛 정취인 고향역의 진정한 의미가 없어진다고 볼 수 있다. 찾아오는 손님들에게도 의미가 반감된다 할 것이다.

노랫말을 작사한 임종수씨가 사람이 타고 내리지 않는 황등역 대신에 익산역에 고향역 노래비를 세우고 기념하자고 한 것은 다분히 현재 황등역의 승객이 없음을 두고 한 고육지책이다. 만약 지금의 황등역이 예전처럼 많은 사람들이 타고 내리는 역이었더라도 그런 말을 하였을까 묻고 싶다. 황등역은 2008년 12월 1일 여객을 취급하는 것을 중지하여 화물만 취급하게 되었다.

따라서 원래 본인이 작사할 당시의 기분은 코스모스가 피어 있는 황등역을 고향역이라는 주제로 삼은 것이 확실하니 구태여 익산역으로 옮기면서까지 기념할 당위성은 없는 것이다. 다만 그 기분을 살리기 위해 여건을 조성해야 하는 것은 현재 황등 주민의 몫이요 넓게는 익산 시민의 몫이다. 황등역을 키워 유명한 역으로 만들면 익산은 그들이 오고가는 집결지로써 전체적으로 보아 유명한 도시가 되는 것이다.

3) 황등역에서 익산역까지 이르는 전 구간에 코스모스를 심는다.

코스모스는 처음 한 해에 심는 것이 문제지 사실 다음해부터는 자연발생적으로 자라기 때문에 크게 염려하지 않아도 된다. 예전에 그 많던 코스모스가 지금은 헤성헤성하게 되었고, 그나마 황등 역사 주변에 작은 화단으로만 남아있어 을씨년스럽기까지 하다. 첫 해에 심고 가꾸는 일은 어차피 소용되는 공공근로 사업이 있으니 그것으로 대체한다고 해서 뭐라고 할 익산 시민은 한 명도 없다.

따라서 황등역부터 익산역까지 6.7km 구간에 걸쳐 코스모스 명소로 만들어야 한다. 그러나 황등에서 함열까지의 9.4km 구간은 코스모스로 인한 고향역에 대한 향수는 그다지 강하지 않기 때문에 반드시 심어야 할 구간은 아니다. 오히려 심지 않는 것이 차별성을 보여 더욱 효과가 크다 할 것이다. 굳이 심겠다면 다산역에서 황등역까지는 심어서 홍보할 수 있을 것이다. 그러나 그냥 듬성듬성 심어서는 안 되고 완벽하게 심어야 한다.

이는 황등을 지나는 호남선과 전라선 승객들이 보기 싫어도 저절로 보이도록 만들어서 시선을 사로잡아야 한다. 언뜻 보니 있는 것 같더라 하는 정도로 만들어서는 안 된다. 요즘은 각 지자체에서 경쟁적으로 심고 있으니 그보다 훨씬 더 많이 그리고 더 강한 인상을 주어야 한다.

4) 황등역에는 '노래박물관'을 세워야 한다.

지금 국가적으로 추진하는 철도박물관건립 희망 도시에 익산은 응모조차 하지 않았으니 이미 되돌릴 수 없는 일이 되고 말았다. 그렇다면 그 대신에 '노래박물관'을 세우면 된다. 지명이나 특히 운송 수단과 관련된 노래에 관한 박물관을 세워서 노래를 좋아하는 사람들이 찾도록 하면 된다. 물론 그런 것을 구경하려는 일반인들도 모이게 해야 한다. 특히 비 내리는 호남선, 목포의 눈물, 남행열차, 고향역, 대전발 영시 오십분 등은 크게 내세워도 전혀 손해 볼 것이 없다. 거기에 추가하여 다른 지명이 들어간 노래를 곁들이면 좋을 것이다.

물론 노래와 악기에 관한 책과 실물, 그리고 연대별로 발행된 대중가요집 등을 모아야 할 것이다. 그냥 노래 기념비 하나 정도 세워놓고 고향역을 선전하려고 한다면 그것은 처음부터 하지 않는 것이 좋을 듯하다. 그것 보러 누가 올 것인가 생각해보면 바로 답이 나온다. 관광객도 한 번 속지 두 번은 속지 않는다는 것을 명심해야 한다. 무엇이든 생색만 내고 변죽만 울리는 것은 돈만 쓰고 효과가 없기 때문이다.

5) 황등역 주변에 전문 식당가를 세워야 한다.

위에서 언급한 것처럼 황등의 비빔밥은 이미 전국세를 타고 있다. 그러나 그런 단 발의 홍보로 그것도 남의 손을 빌어 소문을 낸다면 그것은 도리가 아니다. 따라서 황등 주민들이 나서서 혹은 익산 시민이 나서서 황등비빔밥을 홍보하는 기발한 전략을 세워야 한다. 옛날 기차를 기다리면서 먹었던 가락국수도 좋고, 어묵이나 호떡도 좋을 것이다. 그러나 너무 많고 복잡한 메뉴판은 오히려 황등 고유의 홍보 전략에 도움이 되지 않는 것을 명심해야 한다. 단순하면서도 강렬한 인상을 주어야 한다.

황등역에 입장권을 사서 구경하고 황등비빔밥을 혼자 먹는 사람은 무조건 반값으로 한다든지, 일행 세 명이 오면 한 명은 무료라든지 하는 파격적인 방법을 써야 한다. 물론 그것은 몇 년 사이의 홍보 전략이기 때문에 크게 손해 볼 일도 아니다. 황등에 오는 사람은 무조건 반드시 황등비빔밥을 먹도록 유도하면 되니까 말이다.

그리고 인근에서 나는 고구마를 이용한 식당도 개발해야 한다. 개인이라면 신 메뉴 개발에 따른 초기 투자가 우려되지만 그것을 시에서 부담하면 전혀 문제될 정도의 금액도 아니다. 어디에 가도 있는 파전 중에서 함라파전은 유달리 참기름이 많이 들어가는 것으로 다른 곳과 차별성이 있다. 따라서 이러한 메뉴의 개발도 필요하다.

밤에는 돌판 위에서 굽는 삼겹살을 무료로 나누어 준다든지 황등 고구마를 구워주는 특별한 이벤트를 해도 된다.

6) 황등역에 무인판매 서점을 개설한다.

일반적으로 요즘 서점은 비인기 업종에 속한다. 그래서 사람이 없는 무인판매를 기본으로 하되, 노래에 관계된 서적을 주제로 하는 전문 서점을 만든다. 이곳에 오면 누구라도 그냥 가지 않고 한 권은 반드시 사 가도록 만들어야 한다. 그러기 위해서는 노래에 얽힌 이야기나 가수에 관한 비하인드스토리를 담은 책이 필요하다. 그러나 너무 걱정할 필요도 없다. 시중에 나와 있는 책이 없다면 새로 쓰면 된다.

괴산군의 숲속 산골 작은 서점은, 휴양 겸 휴식을 취하러 오는 사람이지만 반드시 책을 그것도 할인 없이 정가에 한 권 이상을 사가는 것이 정설로 되어있다. 황등역이 그렇게 되지 못할 이유가 없다.

값을 지불하지 않고 가져가는 일이 있어도 상관없다. 어차피 홍보용이라고 생각하면 될 것이고, 책에는 이미 고향역 황등의 무인판매 서점에서 판매한 책이라는 스탬프를 찍어놓았기에 효과는 발생한 셈이다.

7) 고향역 도서관을 만들어야 한다.

다른 곳처럼 폐 기차 객실을 두 개 이상 세 개 정도 가져다 놓고 도서관을 만든다. 앞에서 언급한 노래에 관한 책을 우선하되 그 외에 일반 신간도 상관없다. 특별한 아이디어가 없으면 황등 혹은 익산 출신 작가들이 쓴 책을 가져다 놓아도 된다. 그렇다고 굳이 많은 책을 가져다 놓으라는 얘기는 아니다. 그냥 무료한 사람이 볼 시간 때우기 정도면 된다. 물론 이런 책들은 황등역 무인 서점에서 판매를 해야 한다. 사실 안 팔려도 좋다. 그냥 구색 맞추기 위해서 하는 사업이며, 손님을 끌어들여 사진 찍기 위한 것이 목적이기 때문이다. 손님에게 볼거리를 제공하자는 것이다.

8) 익산역과 황등역에는 방문객을 위한 셔틀 열차를 운행한다.

익산역에서 내린 황등역 방문객은 익산역에서 출발하는 셔틀 열차를 타고 황등역으로 이동하며 돌아갈 때에도 이와 같은 방법으로 이동하도록 하여 교통의 편의를 제공한다. 이때 사용되는 셔틀 열차는 황등역이 전문 화물역이기 때문에 일반 승객용 기차는 운행할 수가 없지만, 황등을 경유하는 화물열차 맨 뒤에 한 칸의 승객용 칸을 연결하면 해결된다. 물론 코레일측과 별도의 협의는 필요할 것이다. 주변 환경을 관찰하기 위하여 사면이 유리로 된 별도의 기차가 운행되면 더욱 좋다. 일부 면적에 대해서는 바닥이 유리로 되어 있어 달리면서 스릴을 만끽할 수 있도록 하여 새로운 명소로 만들어도 좋다.

9) 황등역에는 돌로 된 집을 지어야 한다.

현재 돌로 된 집은 벽을 돌로 하고 지붕과 기초는 콘크리트로 하는 것이 상례다. 그러나 황등역에 있는 돌집은 위아래와 벽 모두가 돌로 된 집을 말한다. 이는 추운 지방에서 겨울에 얼음 집을 만들어 겨울 축제로 이용하는 것과 같은 발상이다. 황등역에 황등 특산물인 화강석을 갖다 놓고 그곳에 방과 주방 및 거실 그리고 화장실 등을 갖춘 집을 만들어 놓는다. 이는 세계 최초의 특색 상품이 될 것이며, 그 이름 자체만으로도 충분한 효과가 기대된다. 커다란 돌을 갖다 놓기가 곤란하면 비교적 큰 돌을 여러 개 붙여 놓아도 된다. 어차피 내부가 돌로 되어있으면 마찬가지이기 때문이다. 벽지와 바닥 장판 마감재가 돌이라고 생각하면 된다. 내부는 침대와 전등, 식탁과 소파, 에어컨, 환기장치까지 생활에 필요한 모든 것을 만들어 놓아야 한다. 문을 만들어 붙이고 필요하면 숙박을 할 수도 있다.

외부로 통하는 베란다는 기다리는 손님들이 앉아서 쉴 수 있는 공간으로 대용한다. 이 집은 인조 화강석이 아니라 철저하게 황등에서 생산된 우리나라 최고의 자연석만 사용한다.

또한 돌로 고구마 모양을 만들어 고구마의 명성을 이어가야 한다. 물론 그 돌고구마는 실물 크기의 작은 규모가 아니라, 굴을 파고 사람이 들어갈 수 있는 정도의 커야 한다. 위의 돌집처럼 고구마집을 지어 안으로 들어가서 견학을 둘러 나올 수 있는 구조로 만들어야 한다.

10) 결론

노랫말에 나오는 고향역은 황등역을 기초로 만들어졌다. 그래서 지금 고향역을 기린다면 반드시 황등역이어야 한다. 그러나 익산역으로 옮기자고 한다면 그 원래 취지에 어긋나기 때문에 좋지 않은 결과를 낳을 수도 있다. 관광객들이 황등역의 홍보 자원을 익산역에서 빼앗아 갔다고 생각할 수도 있지 않겠는가.

그냥 기념비 하나 세우고, 역에서 고향역 노래 한 곡 틀어주려면 처음부터 계획하지 않아도 된다. 그것은 오고가는 사람들 기분만 좋게 하는 정도에 지나지 않는다. 따라서 관광자원화 하여 관광객을 유발하지는 못한다는 말이다. 또 황등역에서는 노래를 틀어주어도 들을 사람이 없으니 유동 인구가 많은 익산역으로 바꾸자고 하는 수준의 핑계도 들어있는 것처럼 들린다. 그러나 단순히 노래를 들려주려면 지금도 그냥 틀어주면 된다. 뭐가 그리 어려울 것인가.

무슨 일이든 이처럼 성의 없이 추진하는 것은 먼 미래를 생각하지 않는 투자실적 집계용의 발상이라고 생각한다.

⑤ 사회인프라

시목 소나무를 히말라야시다로 바꾸자

현재 익산시는 시목을 소나무로 지정해놓았다. 그런데 이 소나무는 전국에 아주 많은 지자체가 시목으로 지정하고 있어 차별성이 떨어진다. 뿐만 아니라 소나무는 보기에는 좋을 것 같지만 사실은 보기에도 썩 좋은 나무는 아니다. 물론 잘 가꾸어진 소나무는 보기에 좋지만 일반적인 소나무는 굽고 휘어진 모양이 보기에 영 안 어울리는 것이 대부분이다. 혹자는 십장생으로 사시사철 푸른 나무라서 좋다고 하지만 그런 나무는 소나무 말고도 아주 많고 많다.

| 기이한 나무 |

익산시는 시목인 소나무를 가로수로 심자고 하여 많은 예산을 들였고, 그런 과정에서 잡음이 생기면서 오히려 시민들의 갈등을 키우는데 주요 역할을 하여왔다. 그보다 더 중요한 사실은 소나무가 송충이가 들끓고 더디 크는 바람에 시의 전체적인 조경이나 나무로써의 역할이 부족하다는 것이다. 이런 이유를 들어 익산시의 시목을 소나무에서 히말라야시다로 바꿔야 한다고 생각한다.

1) 소나무를 시목에서 제외해야 하는 이유

(1) 소나무는 더디 큰다.

소나무는 더디 크는 나무다. 그래서 소나무가 정원수로 있어 분재 역할을 한다면 그 나름대로 멋은 있을 것이다. 그러나 일반적인 장소에서 소나무는 제 역할을 하기에 역부족이다. 재목으로 쓰기에는 너무 긴 세월이 걸려 어떤 계획을 세울 수도 없으며, 관리하는 차원에서는 별도의 인력과 수고가 따르는 이중적 손해를 본다. 유형문화재에 소나무 그것도 금강송을 사용하기는 하지만, 그것은 극히 드문 예에 속할 뿐이며 실제로 필요한 재목으로 키우는 대는 너무나 긴 세월이 소요된다. 그러므로 소나무는 일반 재목용으로 농장에서 기르는 것 말고는 사군자용 대구를 그릴 때에 혹은 십장생으로 자연을 노래할 때 소제로 등장하면 족한 수종이다.

(2) 소나무는 병충해에 약해 주기적인 방재를 해야 한다.

한때 전국토의 7할이 산이며, 숲을 이룬 주종은 소나무라고 배우기도 하였다. 그러나 그렇게 많던 소나무는 벌목과 화전민들에 의한 훼손을 차치하고 병충해에 의한 고사가 너무 많은 것이 현실이다. 한때는 국가적으로 소나무 재선충을 방재해야 한다고 난리를 피던 시절도 있었다. 지금도 산에 가보면 군데군데 소나무를 벌목하고 훈증을 하려고 비닐로 덮어놓은 것을 볼 수 있다. 소나무는 병충해에 그만큼 취약하다는 얘기고, 그러기에 필요 이상의 손이 많이 간다는 것이다. 이를 다른 말로 바꾸어보면 경제적인 나무가 되지 못한다는 것이다. 익산시가 굳이 그런 나무를 시목으로 지정해야 하는지 그 이유를 잘 모르겠다. 보기에 좋아서 이름이 있으니 그렇다면 그것은 비효율적인 판단에 지나지 않는다. 나무에 쏟을 정성이 있으면 그것을 시민들에게 돌려주어야 마땅하다.

(3) 소나무는 가로수로 부적합하다.

다른 지자체를 포함하여 익산시도 시목인 소나무를 가로수로 심고 있다. 그런데 그 비용이 너무 많이 들어가고, 뿐만 아니라 계속되는 관리 비용도 너무나 커서 누가 보아도 낭비라는 지적이 일고 있다. 뿐만 아니라 더디 커서 그늘을 만들어 주지도 못한다. 조금 컸다고 하더라도 바로 전지를 하고 가지치기를 하여 모양을 내기 때문에 그늘은 아예 생각할 수가 없다. 그야말로 보기 좋은 눈요기감에 지나지 않는다.

익산시는 현재 가로수로 벚나무와 은행나무가 있고 공단 주변으로는 플라타너스가 주를 이루고 있다. 거기에 최근 들어 소나무가 등장하고 있기는 하지만 기존의 메타세콰이어, 백일홍이나 목련, 이팝나무, 느티나무, 또는 벽오동 등에 치이고 있는 실정이다. 또 너무 많은 수종으로 인해 희소 가치적 차원에서 존재 가치를 감하고 있다.

가로수를 심는 목적은 오고 가는 차로의 시야를 차단하여 안정된 운전을 돕는 것도 필요하지만, 큰 나무가 있어 안정적인 심리상태를 가질 수 있다. 이는 운전자의 안전운전에 도움을 주는 것이다. 거기다 시내의 기온 상승에 따른 차단 효과도 보아야 한다. 그런데 소나무가 가로수로 있는 곳에서는 운전자가 안정적인 심리상태를 가질 수가 없다. 높이 서있는 나무는 언제 쓰러질지 몰라 불안하며, 작은 소나무는 일일이 손질을 해야 하며 전방에서 오는 차량의 불빛이 그대로 비쳐 운전자에게 전혀 도움이 되지 못한다.

2) 시목을 히말라야시다로 추천하는 이유

(1) 히말라야시다는 성장이 빠르다.

앞서 언급한대로 히말라야시다는 그 성장 속도가 다른 나무에 비해 엄청나게 빠르다. 100년만 되면 그 굵기가 직경 1m도

넘는다. 만약 소나무가 그렇게 크려면 최소 400년 이상은 커야 한다. 게다가 히말라야시다는 가지 역시 곧게 뻗는 성질이 있어서 수형도 좋다. 전체적으로는 안정된 삼각형 모양을 이루어 보기에도 좋고, 나무 자체에 균형이 잡혀 거부감이 없다.

| 히말라야시다 |

(2) 히말라야시다를 가로수로 심을 수 있다.

대구시의 경우처럼 가로수를 히말라야시다로 바꾸면, 그 성장 속도가 빨라 쉽게 가지를 뻗을 수 있다. 그러면 앞에서 오는 차량의 불빛으로 인한 시야 방해가 일어나지 않으며 안전하게 운전할 수 있다. 중앙분리대가 좁은 곳에서는 소나무처럼 차량 높이보다 높은 곳에서 가지를 뻗을 수 있도록 손질할 필요는 있다. 중앙분리대 폭이 넓으면 아예 낮은 곳부터 가지를 뻗어 숲 터널을 지나는 효과도 얻을 수 있다.

히말라야시다가 높이 그리고 안정적으로 서 있으면 보는 사람의 마음도 안정적으로 변한다. 그러면 시민 전체가 안정적 심리를 가지면서 시는 아름다운 시로 소문이 날 것이다. 이는 사회적 비용을 줄일 수 있는 아주 중요한 요소가 된다.

시내에서도 학교나 교회 중에서 조금 오래된 건물의 마당에 가보면 커다란 히말라야시다가 있는 것을 볼 수 있다. 그런데 그 나무는 수형이 좋아 운치가 있으며, 소나무처럼 가지마다 머리모양을 하도록 손질하면 아주 멋있는 조경수가 되는 것을 볼 수 있다. 히말라야시다는 그냥 방치하면 방치한대로 손질하면 손질한대로 나름대로의 멋있는 나무가 된다는 말이다.

담양의 메타세콰이어길이나 청주의 플라타너스길에서 안정감을 찾을 수 있고, 아름다운 길로 선정되는 이유 역시 바로 그런 점 때문인 것이다.

(3) 시내의 습도 조절로 기온을 변화시킨다.

요즘 한여름의 온도는 전북에서 익산이 가장 높은 곳 중의 하나로 꼽힌다. 그만큼 온도 조절능력이 없다는 이야기다. 익산은 예로부터 강이 없고 산이 없어서 그런다고 생각할 수도 있다. 그러나 산이 있고 물이 있는 전주는 왜 온도가 올라갈까. 그것은 시내를 지나는 바람의 흐름과 습도를 조절하는 능력이 부족하여 일어나는 현상인 것이다.

이처럼 익산도 시내 온도 조절에서 실패한 도시에 속한다. 이런 참에 새로 나는 도로에 어차피 심어야할 나무라면 가로수로 그늘을 많이 만들어줄 나무를 심는 것이 효율적인 것은 두말할 나위가 없다.

예전에는 대구시가 한 여름 가장 높은 기온의 대명사처럼 되었었지만 요즘에는 그런 오명을 씻고 있다. 물론 일부 구간이기는 하지만, 실제로 대구 시내를 가보면 중앙분리대가 있는 곳에는 히말라야시다를 심어 커다란 그늘을 만들고 마치 숲속이나 외국의 정원에서 운전을 하는 것 같은 느낌을 받기도 한다. 그런 덕분에 분지에다가 인구가 밀집되어 있으면서도 가장 더운 도시에서 비껴가고 있다.

히말라야시다는 소나무처럼 상록수이면서 침엽수이다. 따라서 낙엽이 한꺼번에 떨어져 시야를 가리거나 청소하는데 문제를 일으키지도 않는다. 또한 침엽수가 내뿜는 독특한 향은 청정 익산을 만드는데 일조할 것이다.

(4) 현재 시목을 히말라야시다로 정한 지자체가 여럿 있다.

현재 시목을 히말라야시다로 정한 대구와 포항 등 일부 지자체는 왜 그런 결정을 하였을까. 남들이 선호하는 은행나무, 소나무, 느티나무를 마다하고 나름대로는 굳이 히말라야시다로 정한 이유가 있을 것이다.

히말라야시다의 단점은 강한 바람이 불면 넘어지기 쉽다는 것이다. 그것은 나무 자체가 커서 바람을 많이 맞으며, 키가 커서 중심이 흔들리면 넘어질 수 있다는 말이다. 그것은 어느 나무든지 다 똑같을 것이니 크게 염려할 것은 없다. 그러나 나무를 심을 공간이 협소하면 가지를 많이 뻗을 수 없어 나무 자체의 무게 중심이 불안정하게 만들 수는 있다는 점을 감안해야 한다. 히말라야시다는 나무 자체의 육질이 단단하고 거칠어서 나무 무게가 많이 나가는 관계로 충분한 공간과 함께 원하는 수형을 다듬을 수 있어야 한다.

대신 큰 나무는 벌목하여 목재로 사용하고, 그 자리에 다시 작은 나무를 심으면 대체 효과도 얻을 수 있다. 히말라야시다는 육질이 단단하고 진액이 많아 오래 견딜 수 있는 목재가 된다. 기존의 아스팔트 위에 그냥 얹어 놓은 듯한 나무는 바람에 쉽게 넘어질 수 있는 단점을 주의하면 훌륭한 가로수가 될 수 있다.

(5) 가는 곳마다 숲이 울창한 시내로 만들 수 있다.

히말라야시다는 빨리 크기 때문에 필요한 공간만 확보해주면 기대 이상으로 큰 그늘을 만들어 준다. 병충해에 강하기 때문에 심고 가꾸는 데에도 별로 공을 들이지 않아도 좋은 나무다. 따라서 일정한 공간에 심어만 주면 훌륭한 숲을 만들 수 있다. 익산이 산이 없다고 하는데 가는 곳마다 나무가 울창하면 굳이 산이 없어도 되지 않겠는가. 혹 높은 곳에 올라가야 한다면 그런 경우에만 산을 찾아도 좋을 것이다. 가까운 집 뒤의 숲에서 맑은 공기를 마실 수 있다면 멀리 가라고 해도 갈 사람이 없을 것이다.

(6) 히말라야시다로 익산의 명물 숲을 가꿀 수 있다.

담양의 관방제림은 천연기념물 제366호로 낙엽수 177그루로 형성되어 있다. 대략 200년~400년 된 나무로 구성되어 있는데, 원래 제방의 범람을 막고 바람을 막기 위하여 조성된 활엽수 방풍림에 속한다. 그러나 이런 나무들이 현재는 관광 상품으로 등장하고 있다. 익산 시민들도 담양의 관방림을 거의 한 번쯤은 다녀왔을 것이다. 그렇다면 비싼 돈 들여가면서 담양까지 무엇 하러 갔었는가 물어보자. 가서 정말로 만족하고 왔었는가 물어보자. 이처럼 전혀 어울릴 것 같지 않은 곳에서도 효자노릇을 톡톡히 하고 있는 것이 바로 숲인 것이다.

그런데 익산 시내에 성장하는데 이렇게 오래 걸리지 않는 나무를 심는다면, 그보다 몇 배 빠르게 성장하는 나무를 심는다면 바로 우리 세대에 그 효과를 볼 수 있지 않겠는가. 거기에 약간의 가꾸는 공력을 들인다면 말이다. 담양의 관방림은 대체로 팽나무, 음나무 등이 주종을 이루고 있는데, 우리는 침엽수인 히말라야시다를 주종으로 하고 중간에 낙엽수와 특별히 조화를 이루는 수종을 골라 심음으로써 4계절 내내 볼 수 있는 특별한 숲을 가꿀 수 있다. 그림엽서에서처럼 눈 덮인 침엽수는 상상만 해도 아름다운 풍경이 된다. 우리가 부안의 내소사 전나무 숲길을 좋아하는 이유는 무엇일까. 단순하게 생각하면 아름드리나무가 줄줄이 서 있어서 그런 것 아니던가. 이보다 훨씬 더 멋진 가로수 길을 만들 수도 있는 곳이 바로 익산이다. 익산은 이제 가로수로 멋있을 나무를 선택하고 있는 시점이기 때문이다.

(7) 새로운 숲은 명품 숲으로 만들어야 한다.

히말라야시다로 새로운 숲 혹은 가로수 길을 만든다면 어디에도 없는 명품 숲을 만들어야 한다. 예를 들어 연리지를 만들고 그런 나무들이 터널을 이루도록 해야 한다. 마치 예식장에서 축하의 예도를 보는 듯이 말이다. 물론 자연적으로 이루어지기를 기대하기는 어려우니 인위적인 조형으로 다듬어주어야 할 것이다.

그러나 지금 어느 곳에서 단 한 그루의 연리지가 발견되면 뉴스거리가 되고 세간의 관심을 갖는 것을 보면 이해가 되는 부분이다. 따라서 익산에 조성되는 새로운 가로수는 일정 구간 인도를 뒤덮는 연리지 터널을 만들면 좋을 것이다.

초기 몇 년 만 노력하면 머지않아 전국의 명소가 될 수 있다. 정읍 천변의 2차로 벚꽃 터널을 다녀와 본 사람은 작은 도시 정읍의 천혜 자원에 감탄하지 않을 수 없다. 우리 익산은 그런 천혜의 자원이 부족한 대신 새로운 인공 자원이라도 만들면 해결되지 않을까 생각해본다.

나무 한 그루를 심어도 환경과 사람을 생각하고 미래를 생각하는 자세가 필요하다.

3) 결론

익산시의 시목이 반드시 히말라야시다여야 한다는 뜻은 아니다. 다만, 다른 어떤 나무보다 빨리 크며 목재로서의 가치도 충분한 나무라서 좋다는 뜻이다. 침엽수로써 낙엽으로 인한 도로 피해를 줄일 수 있어서 좋다는 말이다. 어느 정도 규모만 갖추면 훌륭한 숲이 될 수 있어서 좋다는 말이다. 그러면 익산은 나무를 심어서 숲도 가꾸고, 시내 온도도 낮추며, 더불어 멋있는 경치도 간직한 명품 도시가 될 수 있을 거라는 기대가 든다.

이참에 익산시에 나무 30만 그루를 심는 운동을 건의한다. 인구 1명당 한 그루의 나무를 심는 일이다. 물론 하루아침에 심자는 얘기는 아니며, 10년 이내에 심되 적절한 수종과 묘목은 미리 준비하여 차질이 없도록 하여야 한다. 이때 옆 산에 있는 나무를 앞산에 옮겨 심는 것은 해당이 안 된다. 반드시 새로운 나무를 심어야만 한다. 시는 씨를 뿌려 묘목을 준비하든가 나무를 삽목하고 싹을 틔우든가 하여 새로 생겨난 나무를 공급하여야 한다.

　내가 사는 도시를 명품 도시로 바꾸는 것은 시민들이 그리고 지도층 인사들이 어떻게 하느냐에 따라 한순간에 달라질 수 있는 것이다.

제4부

생생 FUN한 익산프로젝트(안)

① 강병식공원

강병식공원은 익산시 어양동에 있다. 바로 위에는 익산시 청소년수련관과 익산문화원이 있으며, 문화의 본산이라 할 수 있는 '익산문화의 전당'도 지척에 있어 도심 속 휴게공간의 역할을 톡톡히 하는 곳이다.

강병식공원에는 음악분수가 있고 작지만 인공폭포가 있으며, 해마다 익산시의 대표 축제인 천만 송이 국화축제가 열리는 곳이기도 하다. 축구장을 가진 만큼 면적도 넓고 위치상으로 찾아가기 쉬운 곳이라는 장점도 있다. 그런데 강병식공원이 유명한 것은 물리적인 그것보다 더 인간적인 면이 작용한다. 그래서 강병식공원는 천만 송이의 축제와 더불어 익산의 위엄이 표본이 된다.

공원의 주인인 강병식은 1953년 8월 17일 익산시 오산면에서 태어났으며 이리고등학교를 졸업하였고, 육군사관학교에 입학하여 제31기로 소위에 임관하였다. 이후 15사단 38연대의 승리부대 대대장으로 근무하던 1988년 5월 4일 순직하였다.

| 강병식공원, 강병식공원 축제 |

우리가 잘 알다시피 15사단은 제1군 지역으로 강원도 중에서도 최전방에 위치하고 있다. 따라서 항상 적을 방어하고 대치하는 훈련을 하고 있는 곳이다. 이날도 지리매설작전을 하던 중이었는데, 부하의 실수로 지뢰가 폭발하면서 많은 희생자가 날 상황에 처해있었다. 이를 지켜본 당시 대대장 강병식 중령과 소대장 이동진 중위는 자신의 몸으로 부하들을 구한 살신성인의 자

세를 보였다. 그곳에 있었던 15명의 부하들과 자신의 생명을 바꾼 영웅이 바로 고 강병식대령이다. 고 이동진대위는 경남 창원 출신이다.

우리는 이런 희생정신의 사례를 들 때 고 강재구소령을 우선 떠올린다. 그런데 그 다음 순위에는 아무도 없다. 오로지 강재구소령 뿐이다. 이것은 우리가 그렇게 교육을 받아온 결과의 하나에 속한다. 사람은 그렇게 교육을 받으면 그렇게 길들여지는 것이다. 그래서 익산에서는 정부 차원이 아닌 시민의 힘으로 고 강병식대령을 기리는 공원을 만들었다. 고 강재구소령은 동상은 물론 공원까지 마련되어 있으며 교과서에도 실리는 등 대대적으로 홍보하고 있으나, 고 강병식대령은 상대적으로 소외당하고 있다는 판단에 자발적인 움직임을 보여 강병식공원을 만들게 된 것이다.

사실 따지고 보면 당시 중대장이었던 강재구대위는 월남으로 파병을 앞두고 강원도 홍천에서 수류탄 투척 훈련을 하던 부하가 실수를 하였고, 그 결과로 많은 희생자가 날 것을 자신의 몸으로 덮어 부하를 구하였다는 내용이다. 그때 정부는 많은 국민들이 반대하던 월남파병에 대한 당위성을 홍보하고 있었던 때라 고 강재구소령을 크게 보도하였고, 100명의 부하를 구한 위대한 죽음이라고 추켜세우며 살신성인의 좋은 본보기로 만들었다. 그래서 동상을 세우고 대대적으로 홍보하였으며, 홍천군에서는 이를 기리는 공원을 만들기에 이른 것이다.

반면, 고 강병식대령은 평상시 적을 방어하는 실전 상황에서 사단사령부의 작전명령에 따라 방어 작전을 수행하던 중 부하의 실수가 일어난 비슷한 상황이었다. 강재구소령은 여러 부하들을 모아놓고 교육 중이었으므로 자칫 하면 많은 희생자가 날수 있는 상황이었지만, 강병식대령은 처음부터 소수의 정예요원만 투입되는 작전을 수행 중이었으며, 소대장이나 대대장은 삽으로 땅을 파고 지뢰를 매설하는 작전에는 직접 투입되지 않는 것이 원칙이었다. 지휘관은 뒤에서 전체적인 지휘를 하는 것이 그 사명이기 때문이다. 그러나 위의 두 사람은 지휘관 본분의 역할을 하면서 한편으로는 위험한 작전에 투입한 부하들을 격려하는 차원에서 현장에 나가 있었고, 마침 부하의 실수로 사고가 난 것이었다.

그런데 이 강병식공원에는 또 다른 인물들이 있다. 의사자로 지정된 고 이영준학생과 역시 의사자로 지정된 고 임창환군이 그 주인공이다.

고 이영준군은 2012년 8월 16일 이리고등학교 2학년 재학 중에 친구 11명이 완주군 운주면 금당리 하천으로 단합대회를 갔다가, 인근에서 물놀이하던 초등학생 1명이 물에 빠지자 아들을 구하려던 그의 아버지도 같이 허우적대는 것을 발견하였다. 이군은 두 생명을 구하고 자신은 급류에 휘말려 미처 빠져 나오지 못해 숨진 의사자다.

또한 고 임창환군은 이리고등학교 재학 당시 사물놀이 동아리를 조직하여 전국 대회에서 2등을 한 우수팀으로 이끌었으며, 단국대학교 무역학과 2학년 학생으로 매주 고향에 내려와 후배들을 지도하는 열성을 보이기도 하였다. 1997년 7월 21일에는 무주군 설천면 기곡리 수련원에서 가진 사물놀이 동아리 후배들의 여름 수련회에 지도 차 참석하였다. 그날 오후에 수구를 하던 중 골키퍼를 맡은 1학년 학생이 놓친 공을 잡으러 가다가 수영 미숙으로 허우적거리는 것을 보면서, 심판을 본 고 임창환군이 뛰어 들어 후배를 구하였으나 자신은 미처 빠져 나오지 못하여 목숨을 잃은 사고였다.

이들은 공교롭게도 모두 이리고등학교 출신이거나 학생이었다. 특정 학교 출신이라서 어떻다는 것보다, 익산에서 지정된 의사자 세 명이 모두 이리고등학교 출신이라는 것이 신기하다는 것이다.

의사자 두 명의 흉상은 강병식공원 내 북쪽에서 남쪽을 바라보는 양지바른 언덕에 있으며, 강병식동상은 남쪽에서 북쪽을 바라보며 서있다. 지금도 마치 최전방 전선을 지키고 있는 듯한 모습이다. 그냥 보기에는 조그만 흉상이며 간단한 동상 하나지만, 거기에는 목숨을 담보로 하는 숭고한 정신이 깃든 의로운 공원임에 틀림없다.

공원을 찾아 여가를 즐기는 시민들은 물론이며 익산을 방문하는 사람들 모두가 강병식공원에서 의로운 사람의 본을 받아 남을 배려하고 국가와 사회에 이바지 하는 정신을 이어갔으면 좋겠다.

② 식품클러스트 내 한식박물관

예로부터 주부의 음식 솜씨를 알려면 그 집의 장맛을 보면 알수 있다고 하였다. 또 사람을 알려면 그 사람이 만나는 친구를 보면 알 수 있고, 사람의 됨됨이를 알려면 그 사람이 읽고 있는 책을 보면 알 수 있다고 하였다. 모든 것은 그 근원을 알면 결과도 미루어 짐작할 수 있다는 말이다.

좀 더 나아가 당신이 먹고 있는 음식을 알려주면 당신이 어떤 사람인지를 알려주겠다고 말한 사람도 있다. 이것은 사람이 먹는 음식은 바로 그 사람의 음식 문화를 표현함은 물론이며 그로 인한 그 사람의 습성까지도 변화시켜 무의식중에 사람의 행동으로 표출된다는 말이다. 먹는 것이 그 만큼 중요하다는 뜻이 아니고 무엇이겠는가.

그러기에 한식을 먹는 사람들은 한국 사람들이며, 한식을 만드는 과정에서 빚어지는 모든 행동은 음식의 문화와 연관되어진다. 바꾸어 말하면 한국에 사는 사람은 한국 사람이며, 한국 사람이 먹는 음식은 한국 음식이 되는 것이다. 그리고 그런 음식에 관한 문화가 바로 한식문화로 연결된다. 또한 그런 음식을 통한 섭생은 그 사람을 변화시키며, 사회생활을 하는 집단에까지 영향을 끼치게 되어 있다. 따라서 다른 나라 사람들이 보는 입장에서, 한국 사람들은 체형이나 얼굴 그리고 성격이 거의 비슷하다고 보는 것이다. 이것이 바로 한국인의 생활문화인 것이다.

우리 한식은 우리가 전통적으로 먹어왔던 음식인데, 근래 강점기를 거치면서 많은 변질이 있었다. 이는 어떤 면에서는 의도적으로 변화를 주어 우리 고유의 전통을 끊는 수단의 하나였다고 말할 수도 있다. 그 대표적인 예는 한식에서의 푸짐한 상차림일 것이다. 말하자면 예전에는 그렇지 않았던 식단인데 상다리가 부러질 정도로 풍성하게 차린 것을 한식의 대표적인 표상으로 잘못 인식하게 된 것이다.

우리 고전을 보더라도 잔칫날이나 생일 등 중요한 행사에는 거창한 상차림이 있었던 것을 알 수 있다. 반대로 말하면 일반적인 평상시에는 웬만한 선비라 하더라도 소반이 유행할 정도로 검소하면서 실용적인 상을 받았었다. 비록 나라의 임금님이라 하더라도 평상시에는 12첩 반상을 받았을 뿐이다. 살펴보면 우리가 단체급식에서 1식 3찬 혹은 1식 4찬 하는 것과 마찬가지로 조선의 성군이라는 정조는 1식 7찬의 아침진지를 드셨다는 기록이 있다. 여기에서 맛을 조절하는 간장과 국 한 그릇을 빼면 다섯 가지의 반찬이었다고 말할 수 있는 정도다. 그러나 이 상차림 역시 평상시 기록이 아니라, 어머니 환갑날에 정조에게 올려 진 상이라고 하니 특별히 신경을 쓴 것이 이 정도라고 해석해야 맞을 듯하다. 임금님도 필요 없이 많은 반찬을 먹지 않았다는 것을 입증하는 기록이다. 사극에 나오는 임금의 수랏상에 여러 가지 반찬이 올라오는 것은, 얼마나 고증을 거쳤는지 나는 알지 못하니 언급을 하지 않기로 한다.

그러다가 강점기의 침략자들은 자신들이 먹어보지 못한 음식을 침탈지에서라도 마음껏 먹어보자는 심산으로 즉 듣도 보도 못한 진미를 산처럼 쌓아놓게 되었다. 그 뒤로 못된 것은 먼저 배운다는 말처럼 대접 받기를 바라는 사람들은 푸짐한 상차림을 선호하였고, 이에 따라 일반적인 상에서도 마치 내가 훌륭한 대접을 받는다는 착각으로 거창하게 차리는 것을 요구하게 되었다. 한 끼 식사에 10첩을 넘어가는 것은 왜곡으로 빚어진 안타까운 산물이라 할 것이다. 지금도 유명한 한정식에 올라오는 여러 가지 반찬은, 솔직히 젓가락 한 번 대지 않고 나가는 것이 상당수 있으니 그것 역시 쓸데없는 낭비일 것이다.

좀 더 세부적으로 한정식은 1909년 000씨가 명월관에서 시작되었다는 기록을 보고 있는데, 당시 유행하던 일본 요릿집에 대응하여 만들어진 식당이었다. 이때 갑오경장으로 관기제도가 폐지되면서 오갈 데 없던 기생들이 모여들었고, 동시에 일류 조리사들이 주방을 맡으면서 비싼 가격에 걸맞는 요리가 등장하게 되었다. 말하자면 없던 요리도 만들어내 유명세를 탔던 것이다. 이러한 한정식의 세부 자료로는 예전에 치러진 한정식의 이름과 다른데, 정말로 검소한 차림에 맞지 않다고 보는 것이다.

이런 호황에 힘입어 봉천관, 영흥관, 혜천관, 세심관, 장춘관, 식도원, 국일관 등이 생겨나서 궁중음식의 대중화와 함께 한정식의 고급화에 앞장섰으나, 한정식은 원래 호화로운 것이라는 인식을 심어주기에 충분하였다. 이로 인한 서민들의 상대적 박탈감을 선물삼아 지위와 권력 그리고 부를 상징하는 의미로도 부각되었다.

그래서 그런지 같은 궁중 음식이라 하면서도 명월관에서 흘러나온 궁중 음식과 수라간에서 전해져 온 궁중 음식에는 차이가 나는 원인이 되었다. 대표적인 차이는 명월관에서 등장한 구절판을 들 수 있으며, 4인이 함께 받는 교자상이 있다. 원래 궁중에서는 한 사람이 상 하나를 받는 독상이 기본이었습니다. 그래서 가정에서도 가장 혹은 맨 웃어른은 항상 독상을 받았던 것입니다.

반면에 침략자들은 음식을 만드는데 필요한 노력이 얼마인지 전혀 생각하지 않았으며 먹다 남는 음식을 버리는 것이 어떤 잘못을 저지르는 일인지 생각하지 않았다. 오히려 그런 일로 인하여 우리 대한민국이 피폐해지면 피폐해질수록 고소한 맛을 통했을 테니까 말이다. 우리는 매일 받는 밥상 하나를 바라보면서도 우리의 정체성을 잃지 말아야 한다.

익산은 아주 오래 전부터 사람이 살기에 부족함이 없었던 고장이 아니라, 먹는 것이 자급자족하는 수준에서 풍부하였던 것이다. 그래서 1차 산업을 터전으로 삼았던 고대 사람들은 안전하면서도 먹을 것이 풍성한 익산을 도읍지로 정했을 것이다. 전쟁이 많지 않았지만 높은 산이 없어서 적들이 몰래 쳐들어온다고 하여도 멀리서부터 감지할 수 있었으며, 적당한 물과 평탄한 지형 그리고 기름진 옥토는 삶을 윤택하게 하는데 충분하였다.

최근에는 2차 산업의 경제화와 3차 산업의 서비스화로 인하여 소외당하는 듯한 느낌을 받기도 하지만, 어차피 먹고 사는 것이 가장 중요한 요소라면 역시 익산을 꼽지 않을 수 없는 것이다. 그래서 국가에서는 익산을 우리나라에서 유일무이한 식품크러스트 지역으로 지정하기에 이르지 않았을까 생각된다.

식품크러스트는 글자 그대로 식품에 관한 통합된 조직체를 말한다. 육종과 재배 및 가공은 물론, 식품으로서의 가치를 판단하는 일을 포함하여 새로운 요리의 연구와 특성화된 음식의 개발 등도 포함된다. 말하자면 사람이 먹고 살기 위한 조건에 부합되는 모든 일이 가능한 곳이며, 이런 곳에서 식품의 선도 기업이 탄생되는 것은 물론 식량 산업의 메카가 되는 것이니 매우 중요한 역할을 하는 곳이다.

이런 곳에 한식박물관이 있다. 한식 즉 한국 음식에 관한 모든 것을 보여주는 곳이다. 이곳에는 한국을 대표하는 음식이 진열되어 있으며, 각 지역의 전통 음식이 진열되어 있다. 물론 실제로는 먹을 수 없는 모형으로 만든 것에 불과하지만 음식 자체를 소개하는 데는 전혀 지장이 없는 것이다. 보는 재미 외에 먹는 재미가 필요하다면 곁에 딸린 식당으로 가면 해결된다.

한식당은 전통관과 현대관으로 구분되어 있어서 외국인에게는 고유의 맛을 전할 수도 있다. 그런가 하면 외지에서 온 손님은 다른 지역의 음식을 맛보기 위하여 지역별 토속 음식을 먹을 수도 있다.

이때 음식관에 입주한 점주는 각 분야에서 오랫동안 종사해 온 사람으로서 여러 가지 조건에 적합한 사람 중에서 선발되었다. 따라서 기본적으로 음식의 맛은 고증되었으며, 고객에게 한국을 알리는 홍보대사의 역할도 담당하고 있는 것이다. 이들은 친절하며 자신이 제공하는 음식에 대한 해박한 지식은 물론, 다른 음식에 대한 상식까지도 가지고 있어 언제든지 명확하게 안내할 수 있는 소양도 갖추었다.

한 예를 들어보면 입주한 점포에는 한국어를 제외하고 다른 나라의 언어 두 가지를 더 구사할 수 있어야 한다. 이때 반드시 점주가 그래야 된다는 것은 아니며, 어느 한 사람이 두 가지 외국어를 해도 좋지만 사실은 다른 사람이 각각 한 가지 외국어를 구사하는 것을 권장한다. 그러면 많은 사람들이 몰려왔을 경우에도 친절하게 응대할 기회의 폭이 더 넓어지기 때문이다.

이런 연유로 인하여 다른 식당에서는 종업원으로 취업하는 것이 별 자랑스럽지 못하더라도, 이곳 익산의 한식관 즉 한식박물관 내 식당의 전통관에 입주한 식당에 취업하는 것은 아주 자랑스러운 일에 속하여 종업원 스스로도 만족해하고 있다. 그들은 음식의 기본인 요리 혹은 조리 실력은 물론이며, 교양과 상식을 갖춘 사회인으로서 외국어를 구사하는 전문 인력이라는 인식이 통하고 있다.

따라서 이곳에서는 별도의 통역이 필요 없어 외국인 혼자서도 취식이 가능하며, 식사 도중에도 상담이 가능한 곳으로 통한다. 각 점포는 식사 대신 별도의 회합이 가능하도록 10석 규모의 작은 미팅룸을 두었으며, 시간이 길어질 경우를 대비하여 한식박물관에서 통합 운영하는 다용도실을 두고 있다. 200석 규모의 다용도실에서는 홍보 영상물이 상시 방영되며, 별도의 요청이 있을 경우에는 작은 세미나를 개최할 수도 있다. 또 소규모의 회의가 필요한 경우를 대비하여 20인 규모의 미팅룸을 운영하고 있다.

박물관의 한식당 중 전통관에 입주한 식당은 각 지역별로 나누어져 있다. 그리고 그들은 그 지역을 대표하는 전통음식을 제공한다. 이런 음식은 각 지역을 직접 돌아다녀야 맛볼 수 있겠지만 이곳 익산에서는 직접 찾아가는 수고를 덜어주고 있는 것이다. 이런 배려는 내국인에게보다는 외국인에게 더 적합한 조치였다고 말할 수 있다. 우리나라 사람들은 시간을 내어 필요한 곳의 음식을 맛볼 수도 있겠지만, 어쩌다 한 번 우리나라를 방문한 외국인은 각 지역을 고루 돌아볼 시간도 없을 뿐만 아니라 계절별로 어떤 음식이 더 어울릴지 판단하기조차도 어렵기 때문이다.

전시된 음식 미니어처는 본래의 상차림을 사진으로 찍어 놓고 그 아래에 각각의 음식 모형을 만들어 놓았다. 매일 그리고 매번 새로운 음식을 만들어 놓는 것이 불가능하여 어쩔 수 없이 모형을 쓰게 된 것이다.

한식관에 배치된 그 중에서도 전통관에 입주한 식당은 다음과 같이 구분할 수 있다.

1) 함경도

함경도는 백두산과 개마고원을 포함하여 우리나라에서 가장 험악한 산악지대로 형성되어 있다. 따라서 눈이 많이 오며 겨울이 길어 난온대(暖溫帶) 식물이 자라기에 부적합한 환경이다. 그러기에 논농사보다는 밭농사가 많고, 밭에서 나는 곡식은 남쪽지방에 비해 차지고 맛도 좋은데 특히 콩의 품질이 우수하다.

그렇지만 동해안은 세계 3대 어장의 하나에 속할 정도로 명태와 청어, 대구, 연어 등의 해산물이 풍부하다. 음식의 생김새는 큼직큼직하고 시원스러우며, 오밀조밀한 장식(裝飾)이나 기교(技巧)를 부리지 않는다. 음식의 간은 짜지 않으나 추위를 견디기 위해 고추와 마늘 같은 자극적인 양념을 많이 써서 강한 맛이 나는 것이 특징이다. 여러 가지 양념을 한데 섞어 매운맛을 내는 다대기가 여기서 출발한 것이다. 대표 음식으로는 함흥냉면, 강냉이밥, 찐조밥, 감자국수, 옥수수죽, 얼린 콩국수, 콩부침, 동태순대, 가자미식해 등이 있다.

2) 평안도

평안도는 산악지형으로 산세가 험한 편이지만, 그래도 서해안의 간만의 차가 심해 넓은 평야도 포함하고 있다. 따라서 풍부한 해산물과 함께 부족하지 않을 정도의 산채와 곡식도 생산하고 있다.

한편 옛날부터 중국과 교류가 잦았던 지역으로 많은 문물이 내왕하였으며, 사람들의 성품도 대륙적이고 진취적인 면이 있다. 음식도 이에 맞게 푸짐하고 먹음직스러운데, 추운 지방답게 육류와 콩, 녹두 등을 즐겨 먹는 편이다. 그런가 하면 밭작물인 메밀로 만든 음식이 유명하고, 추운 지방에서 즐겨 먹는 음식이 발달하였다. 대표 음식으로는 평양냉면이나 온반, 어복쟁반, 만두, 고사리죽, 녹두지짐, 순대 등이 유명하다.

3) 황해도

황해도는 북부지방 중에서는 아주 넓은 곡창지대에 속한다. 따라서 연백평야나 재령평야와 같은 넓은 논에서 나는 쌀의 생산량이 많고, 해안지방에서는 간척지가 발달하여 소금도 많이 생산된다. 이 외에도 산에서 나는 산채나 기타 여러 가지 부산물도 고루 생산되는 평야지대로 통한다.

황해도는 생산되는 종류나 양에 걸맞게 인심이 좋고 생활이 윤택하여 음식에도 특별히 기교를 부리지 않는 풍요 속의 소박함이 드러난다. 음식의 크기는 북부지방에서 그렇듯이 큼직큼직하게 썰어놓고 푸짐하게 만들어 먹는다. 음식의 간은 담백한 맛으로 대체로 충청도의 음식과 비슷하다고 할 수 있다. 김치를 담글 때 고수와 분디라는 향신채(香辛菜)를 사용하면서도 담백한 맛을 낸다.

대표 음식으로는 연안식해, 남매죽, 김치순두부, 행적, 호박김치찌개, 수수죽, 밀범벅, 강엿, 새우찜, 오쟁이떡, 좁쌀떡, 된장떡 등이 있다.

4) 서울

서울은 최근 오백 년 동안 조선왕조의 수도였기 때문에, 조선시대의 요리풍이 많이 남아 있는 것이 특징이다. 도심지인 서울 자체에서 나는 산물(産物)은 별로 없으나, 전국 각지에서 나는 산물이 모여 여러 가지 재료를 활용한 음식들이 많다. 음식은 짜지도 맵지도 않지만, 모양이나 맛에서 사치스러운 음식들이 생겨났다. 북쪽지방의 음식이 푸짐하고 소박하다면, 서울 음식은 모양을 예쁘고 작게 만들어 눈으로 보는 멋을 만들어낸다. 말하자면 사대부나 궁에서 이미 먹는 양은 채웠으니 보기에도 좋아야 한다는 음식문화가 생겨난 것이다.

궁이 있고 사대부가 살았던 고장인 만큼 음식을 이루는 재료의 선별부터 유별나며, 만드는 방법에 있어서도 현란한 기교를 부린다. 음식은 먹는 것을 포함하여 의례적인 행사의 보여주기 위한 것도 많이 있고, 격식이나 조리를 하는 방식도 까다롭기로 유명하다.

하지만 보기 좋은 떡이 먹기도 좋다고 화려하면서도 맛이 일품인 것은 알아주어야 한다. 대표 음식으로는 신선로, 설렁탕, 잣죽, 떡국, 국수장국, 육개장, 구절판, 탕평채, 도미찜, 경단, 전복초, 홍합초, 장김치, 너비아니 등이 있다.

5) 경기도

경기도는 산과 들이 뒤섞여 밭농사와 논농사가 고루 발달하였으며, 서해와 접해 있어 해산물도 풍부한 곳이다. 따라서 경기도 음식은 그 종류가 다양하며, 서울 음식에 비해 양념을 적게 쓰며 요리의 양은 많은 반면 소박한 맛을 주는 편이다.

그럼에도 불구하고 고려의 수도였던 개성지방에서는 우리나라에서 가장 호화롭고 다양한 음식을 선보이기도 한다. 지금도 개성 음식은 궁중요리에 버금가는 멋을 내며, 서울 그리고 진주와 더불어 화려한 음식의 고장으로 불리고 있다. 대표적인 음식으로는 개성국수, 조랭이떡국, 오곡밥, 냉콩국수, 오미자화채, 갈비탕, 삼계탕, 팥죽, 개성순대, 개성경단, 개성주악, 개성모약과, 가평다식, 여주땅콩강정, 수수부꾸미 등이 있다.

6) 강원도

강원도는 동해와 접해 있지만 대부분 산악지형으로 산세가 험하고 깊은 골짜기가 어우러진 곳이다. 따라서 해안지방에서 생산된 수산물이 산악 내륙으로 전달되기 어렵고, 반면에 산간지방에서 생산된 식재료들이 널리 타지역까지 전파되기에 부적합한 환경을 가지고 있다. 해안지방에서는 오징어, 황태, 미역 등이 많이 생산되어 이들을 이용한 음식들이 많으며, 산간지방에서는 감자, 옥수수, 메밀, 도토리, 버섯 등이 많이 나서 각기 다른 향토 음식이 생겨났다.

강원도 음식은 대체로 소박하며 쌀이 부족하여 멥쌀이나 찹쌀보다도 감자나 옥수수, 메밀 등을 이용한 떡이 발달하였고, 멸치나 조개를 넣어 음식의 맛을 돋운다. 예전에 옥수수, 메밀,

감자, 도토리, 상수리, 칡 등은 구황작물에 속했지만, 요사이는 하나의 일반 음식으로 분류되어 별미에 속한다. 각종 산채와 표고버섯, 석이버섯, 느타리버섯, 송이버섯이 있고, 이를 이용한 장아찌나 말린 채소는 또 다른 맛을 제공하기도 한다.

대표 음식으로는 감자경단과 감자송편, 감자밥, 명태식해, 감자수제비, 감자범벅, 강냉이범벅, 감자부침, 감자송편, 오징어구이, 오징어회, 오징어불고기, 오징어순대, 메밀막국수, 총떡, 도토리묵, 감자시루떡, 찰옥수수시루떡, 옥수수엿, 더덕구이, 더덕생채, 동태순대, 감자경단, 미역튀각, 송화다식, 당귀차 등이 있다.

7) 충청도

충청도는 내륙산간지방이 많이 있지만, 그래도 넓은 들이 펼쳐진 곳으로 주식재료와 채소 등의 농산물이 풍부한 곳이다. 물론 서해안에서는 해산물이 풍부하며, 내륙지방의 산채와 함께 풍성한 먹을거리를 제공하고 있다.

충청도 지방에서도 호화스럽거나 많은 양념을 사용하여 맛이 강한 음식은 만들지 않았다. 국물을 내는 데에도 쇠고기보다는 닭고기를 사용하며, 굴이나 조개 등도 많이 사용한다. 소박한 죽과 국수, 수제비, 범벅 같은 음식이 주류를 이루고, 맵거나 감칠맛이 나지 않아 담백한 편이다. 대표 음식으로는 인삼, 인삼약과, 수삼정과, 호박꿀단지, 굴냉국, 호도장아찌, 쇠머리떡,

늙은 호박찌개, 호박고지적, 넙치아욱국, 애호박나물, 호박송편, 호박범벅, 복숭아화채, 미숫가루, 도토리떡 등이 있다.

8) 전라도

전라도는 우리나라 최대의 곡창지대로 넓은 들에서 생산된 곡식이 풍부하며, 해산물과 산채도 풍부한 곳이다. 따라서 다양한 재료를 이용하여 다른 지방에서는 볼 수 없었던 음식들을 많이 만들어내고 있다.

예로부터 맛의 고장이라고 불릴 만큼 각양각색의 음식이 존재하였으며, 특히 전라북도에서는 전주와 익산의 음식이 유명하고, 전라남도에서는 목포와 순천의 음식이 유명하다. 이 중에서도 전주는 조선 왕조의 발상지답게 호화롭고 특색 있는 음식들이 많다.

전라도는 온화한 기후 덕분에 풍성한 채소와 각종 농산물을 이용한 음식들이 많고, 해안지방에서 나는 각종 해산물로 인한 젓갈류와 생선 음식도 많다. 이곳 사람들은 삼합이나 생선김치 등과 같이 각자의 개성에 맞춰 음식을 개발해내는 독창성도 갖추고 있었다.

따라서 양념도 풍성하게 사용하여 맛이 강하며, 더러는 남이 먹기 꺼려할 정도의 독특한 맛을 내는 음식들도 있다. 온갖 양념을 하였으면서도 저장보관성도 뛰어난 특징을 지니고 있는

데, 대표 음식으로는 홍어찜, 전주비빔밥, 콩나물국밥, 대통밥, 꽃송편, 깨죽, 대합죽, 꽃게미역국, 갈낙탕, 파산적, 대합구이, 꼬막무침, 죽순탕, 고추장, 더덕구이, 표고버섯덮밥, 대하탕, 두루치기, 애저, 배추김치, 고들빼기김치, 갓김치, 부각, 풍천장어, 백합죽, 꼬막, 어죽 등이 있다.

9) 경상도

경상도는 남해와 동해에 넓은 어장을 끼고 있어 해산물이 풍부하고, 낙동강 주변을 비롯한 농토가 많아 농산물의 수확도 풍성하다. 경상도에서는 특별한 언급이 없으면 물고기를 그냥 고기라고 부를 만큼 생선을 제일로 치며, 따라서 해산물을 이용한 음식이 발달하였다.

음식은 눈으로 보는 멋을 내거나 사치스럽지 않은 대신, 맛은 입안이 강한 인상을 줄 정도로 맵고 소금 간도 세다. 따라서 경상도 음식은 대체로 짠 편이다. 경상도는 국수를 즐겨 먹으며 잔칫집에서도 빠지지 않고 등장하는 음식으로, 혼인을 물어보는 자리에서는 언제 국수를 먹을 수 있느냐고 묻기도 한다. 이때의 국수는 모양이 긴 만큼이나 길게 가라는 의미를 가지고 있다.

대표 음식으로는 아구찜, 따로국밥, 애호박죽, 조개국수, 추어탕, 곰탕, 토란줄기찜, 콩잎김치, 당귀장아찌, 더덕장아찌, 단풍

콩잎장아찌, 유과, 칡떡, 안동식혜, 해물잡채, 장어조림, 부추김치, 파김치, 찹쌀부꾸미, 재첩국, 대구탕, 벌떡게장, 구포국수 등이 있다.

10) 제주도

제주도는 화산발생 지역으로 자연적 조건상 쌀의 생산은 여의치 못하며, 주로 콩과 보리를 비롯한 잡곡, 그리고 고구마와 감귤, 자리돔, 옥돔, 전복 등이 많이 생산된다. 제주도의 음식은 섬 지방답게 해초류가 주를 이루며, 바닷고기도 가끔 등장한다.

제주도 지방의 음식은 재료가 가지는 고유의 맛을 살리고, 많은 양을 하지 않으며 제때 만들어 먹는 것이 특징이다. 양념도 많이 하지 않고 부재료 역시 여러 가지를 섞지 않는다. 우리나라에서 가장 남쪽에 위치한 만큼 더운 지방답게 음식의 간이 짜며, 부지런한 사람들의 일상을 표현하기도 한다. 대표 음식으로는 자리물회, 옥돔구이, 고사리국, 양애산적, 미역죽, 닭죽, 돼지족탕, 전복죽, 전복회, 전복김치, 소라회, 고사리전 등이 있다.

③
익산문화의 전당 – 음악에 옷을 입히다!

익산에는 솜리문화회관을 비롯하여 소극장 재미와 도서관 부설 공연장 등 크고 작은 공연장이 여러 개 있다. 인구가 적은 도농복합도시에서 필요한 문화공간은 가지고 있는 셈이다. 그러나 익산 시민을 대상으로 하는 대규모 행사를 하려면 부족한 감도 공존하였다. 이런 참에 익산예술의 전당이 문을 열었으니 문화인의 한 사람으로서 반갑기 그지없다.

'익산문화의전당'은 부지 21,245m^2에 건축연면적 12,963m^2로, 지하1층, 지상4층의 공연장 1동과 지하 2층, 지상 2층의 미술관 1동으로 나뉜다. 이름을 짓는 과정부터 시민참여라는 공모로 출발하였고, 위치 역시 사람이 빈번하게 왕래하는 공원 옆에 있어 활용도면에서도 손색이 없다.

이곳에서는 다른 지역의 예술의 전당과 마찬가지로 각종 공연을 포함하여 대규모 행사까지 가능하다. 다른 지역의 경우 관객 동원이 어렵거나 입장권 판매를 기준할 때 수익이 적다는 이유로 아동극을 월 1회로 제한하는 곳도 있지만, 익산의 경우는 월 4회로 확대하여 어린이들에게 문화의 혜택을 넓게 개방하는 편이다. 어린이는 새나라의 주인공이기 때문에 기성세대보다 더 많은 기회를 제공하고 창의성을 개발하여야 한다는 취지에 따른 것이다. 익산이 여성친화도시 국내 제1호이면서 더불어 어린이에 대한 배려가 월등한 도시라는 것을 입증하는 것이다.

그런데 익산예술의 전당이 다른 곳에서는 절대로 볼 수 없는 것을 하나 가지고 있다. 그것은 출연하는 사람들이 한복을 입고 출연하는 경우가 있다는 것이다. 주로 서양에서 출발한 공연이 무대에 올려지면서 화려하고 우아한 복장으로 매료시키던 것에서 이제는 옷을 입는 다는 것보다 차라리 걸친다는 것이 더 어울릴 정도의 수준까지 왔다. 얇은 옷을 걸치는 것이 좋으냐 아니면 한복을 입고 공연하는 것이 좋으냐는 물어보나 마나 정답이 없다. 그러나 우리 익산예술의전당에서는 월 1회 이상을 한복을 입고 출연하는 것을 기준으로 정하고 있다. 물론 오페라 같은 경우 극의 대본에 따라 복장이 달라지기 때문에 모든 공연을 불문하고 그렇게 한다는 것이 아니라, 일반적이 피아노 독주나 바이올린 같은 경우 한복을 입도록 권장하는 것이다.

익산은 명창의 도시다. 우리나라 문화재인 판소리계의 국창을 비롯하여 주요 명창들을 가장 많이 배출한 도시가 바로 익산이다. 판소리 5대 명창을 송만갑, 이동백, 김창환, 김창룡, 정정렬로 꼽을 수 있는데, 이때의 정정렬이 익산출신이다. 또 기존에 잘 알려진 조통달명창을 비롯하여 최근 명창에 오른 인물까지 합치면 가히 소리의 고장이라 할 수 있다. 참고로 주요 명창의 출신을 따져보면 송만갑 구례, 이동백 서천, 김창룡 서천, 김창환 나주, 박동진 공주, 김소희 고창, 권삼득 완주, 신재효 고창, 임방울 광주, 오정해 목포, 안숙선 남원, 조상현 보성, 신영희 진도, 김영임 서울, 박록주 선산 등이며, 최근에 등록된 명창 임화영은 익산출신인데 최근에 거론된 일 중의 하나이다.

따라서 익산에서 판소리 공연을 많이 하는 것은 당연한 일이며, 이웃 전주의 소리문화의 전당에 비해 그 유명세가 떨어지는 면은 있으나 그것은 어디까지나 인구비례에 따른 도세의 크기에서 밀리는 것으로 보아야 한다. 이런 참에 익산에서 열리는 공연에 한복을 입도록 권장하는 것은 전혀 불편한 이유가 될 수 없다.

우리나라 공연장에서 우리나라 사람이 공연을 하고 우리나라 사람들이 구경을 하는데 어찌하여 항상 남의 나라 옷을 걸치면서 공연하여야 하는가를 문제 삼은 시민들의 자발적 요구에 의해 국민의 정체성을 살리자는 취지에서 시작되었다.

이제는 전국적으로 이름이 난 공연장이 되었다. 일부에서는 민족예술의전당이라고 부르기도 한다. 다른 도시보다 규모가 크거나 관객이 많아서 그런다기보다는 위와 같이 국가와 민족을 생각하는 특색 있는 진행이 바로 그런 별명을 지어준 것이다.

서양에서 시작된 공연 특히 오페라는 두 시간 정도로 비교적 긴 시간 동안을 열연한다. 그래서 중간에 일부러 쉬는 시간을 두어 숨을 고르기도 하며 무대를 조정하기도 한다. 이때 관객들은 여흥을 즐기기도 하는 것이다. 이런 시간을 인터미션이라는 고상한 이름을 붙여 하나의 프로그램처럼 이용하기도 한다. 하지만 이런 것은 우리가 말하는 막간의 하나에 지나지 않는다.

우리 판소리 5마당은 춘향가, 흥보가, 수궁가, 적벽가, 심청가를 드는데, 하나의 곡을 다 부르는데 5시간 혹은 9시간이 걸리는 아주 방대한 음악이다. 그래서 아무라도 흉내 낼 수 없는 특이한 음악이며, 보통 때는 줄여서 1시간 혹은 2시간 이내에 마치는 것이 일반화되어 있다. 그래도 우리는 공식적으로 지정된 막간이 없으며, 출연자가 힘들면 관객의 동의를 얻어 잠시 쉬는 정도이다. 어떻게 보면 미리 합의로 정해놓고 쉬는 것이 더 나을 수도 있겠다는 생각은 들지만, 그래도 안 쉬고 하는 경우도 있으니 판소리가 더 경이로운 것에 틀림없다.

오페라 어렵고 힘든 공연이라고 하지만 아무리 따져도 어디 판소리만 하겠는가. 서양 음악이 주를 이루고 있어도 판소리는 돌아가고 있으니 대단한 음악이며 대단한 공연인 것이다. 그런 공연을 하는 입장에서 보면 서양 음악에 너무 혼을 빼앗기지 말자는 취지에서 시작된 한복 공연이 더욱 의미가 있어 보인다.

한복 공연!

이제 익산예술의전당의 대명사가 되었다. 피아노를 치면서 한복을 입고 있으면 우아하고 정말 신선이 내려온 느낌이다. 바이올린을 켜는 사람이 한복을 입고 있으면 구름 위를 걷는 기분이다. 가야금을 타는 사람이 한복을 입고 있으면 친근함 느낌이 든다. 나도 모르게 어깨가 들썩이며 흥이 나는 것이다.

한복을 입고 소프라노를 부르는 모습이 뉴스를 타고 전국에 퍼졌다. 처음에는 아직까지 한 번도 본 적이 없는 모습에 다들 이상하다는 눈치였으나, 이제는 일상이 되었다. 모두가 하지 않아서 그런 것뿐이지 누군가가 해서 시작만 한다면 그것은 하나의 선례가 되고 지침이 되는 것이다.

익산예술의전당이 다른 곳에 비하여 객석 수나 교통편 등 모든 물리적인 면에서 더 나을 것은 없다. 그러나 그 명성은 훨씬 낫다. 그것은 바로 소리의 고장 익산이 만들어낸 또 하나의 작품이라 할 수 있다. 외국인 사절이 왔을 때, 혹은 업무상 외국인과 만났을 때에 우리 옷을 입고 피아노 연주회를 관람한다면 그것은 또 다른 호감일 것이다. 더군다나 그 상대방의 나라에서 만든 음악을 연주하는데 한복을 입고 있었다면… 그것은 바로 자존심의 문제이며 음악이면 음악이지 형식까지 따라갈 필요가 없다는 것을 말하는 대변이다.

익산은 음악에 옷을 입힌 도시이다. 끈도 없이 꽉 조여 매어 걸치는 옷에서 아름다운 옷으로 포장한 도시다. 만약 배에 힘을 주어야 한다면 속에서 감싸면 그만이다. 아름다운 음악을 포장한다면 우아한 한복이 아닌 그 무엇으로 할 수 있겠는가. 한복은 모든 것을 덮어버리기에도 충분하다. 감싸고 보완하기에도 넉넉하다.

익산은 지금 음악에 한복이 가장 잘 어울리는 즉 음악을 잘 보이도록 하려면 한복을 입어야 한다는 진리를 만들어가는 중이다. 서양에서 만든 음악은 동양에서 그 꽃을 피우고 있는 것이다. 한국인 특히 익산 시민들은 음악을 더욱 음악답게 만드는 음악가이다. 이것이 바로 음악의 고정 틀을 깬 혁신이다.

④ 시골마을 제남리음악회

| 시골마을 제남리 |

익산에 가면 제남리음악회를 보고 와야 한다는 말이 생겨났다. 그 말은 글자 그대로 익산에 가면이라는 조건이 붙는다. 그것도 반드시 익산시 여산면 제남리에 가야만 볼 수 있는 이 음

악회는 이미 전국적인 입소문을 탔다.

고층건물도 없고 그렇다고 인구가 많은 번화가 도심도 아닌 농촌 한 가운데의 들판에서 벌어지는 제남리음악회를 보려면 순번을 타야 한다. 그것도 그냥 내일 모레 하는 일자별 순번이 아니라, 적어도 10년 혹은 20년이 걸리는 긴 시간동안 벼르고 별러야 관람할 수 있는 공연이기 때문에 더욱 유명해진 것인지도 모른다. 관람료는 무료이니 비싸서 그런 것도 아니며, 아는 사람을 통해 부탁한다거나 미리 예약한다고 될 일도 아니다. 그곳은 오직 초청받은 사람만이 관람할 수 있는 곳이기 때문이다. 그러나 이 초청장은 시장이라서 두 장 주고 국회의원이라서 세 장 주는 그런 초청장이 아니다.

제남리음악회의 초청장은 단 한 장만 있으면 온 가족이 관람할 수 있는 특권이 부여된다. 그것은 육군 부사관으로 임관하는 자녀를 둔 가족이라는 조건이 붙는 금테 두른 초청장이기 때문이다. 그래서 일부러 동원하지 않아도, 혹은 홍보하지 않아도 모이는 관객으로 음악회의 효과는 충분하다. 거기다가 익산 시민이 아닌 타 지역 사람들에게 익산의 문화를 선보일 수 있는 황금기회인 것이다. 그리고 참여한 관객들은 생각지도 못한 시간에 멋있는 공연을 관람한 것에 대한 찬사가 끊이지 않는다.

익산시는 익산을 알리는 방법으로 익산의 문화를 나누는 방법을 택한 것이다. 이 음악회가 열리게 된 배경을 찾아보면 대략 1년 전쯤으로 되돌아간다.

당시 나는 짧은 한 편의 글로 익산에 있는 육군부사관학교를 살려야 한다고 주장했었다. 아무렴 우리나라에서 운영하는 학교로 단 하나뿐이니 국가에서 살릴 것은 당연하겠지만, 지자체인 익산에서도 나름대로 신경을 써서 익산을 홍보하자고 말했던 것이다. 일부러 찾아다니면서 돈 들여 홍보하지 않더라도, 이미 자기 발로 찾아온 손님에게도 홍보하지 못한다면 그것은 홍보의 기본도 모르는 사람들이 하는 일이라고 말했었다. 최소한 비가 오면 비를 피할 수 있는 곳, 바람이 불면 바람을 막을 수 있는 곳이라도 있었으면 좋겠다고 말했었다. 익산을 찾은 외지인에게 저렴하지만 기억에 남을 만한 무엇을 무상으로 제공하는 것도 좋을 것이라고 말했었다. 익산의 후한 인심을 보여주고, 익산사람들의 손님을 맞이하는 따뜻한 사람다움을 보여주자고 말했었다.

이런 내용이 신문으로 나갔고 적지 않은 사람들이 글을 보았을 것이다. 그런데 이 글을 보고 연락이 온 단 한 사람이 있었으니 바로 육군부사관학교장이었다. 그는 신문사에 전화하여 어렵게 어렵게 연락처를 알아냈다고 했다. 그 역시 익산출신이 아닌 다른 지역사람으로 잠시 학교장으로 있었을 뿐인데, 그런 사람이 짧은 글을 보고 감동하였다는 연락이었다. 자신 역시 임기만 채우고 떠나면 그만일 사람인데, 이처럼 자기 지역을 사랑하는 사람이 있다는 것에 자신이 고맙다며 만나자고 하였었다. 그리하여 학교장을 만났지만, 얼마 후 임기가 끝나자 정말로 익산을 떠나고 말았다. 그러나 그 사람의 마음 속에는 익산에 대한 한 가닥 추억은 남아 있을 것으로 믿어 확신한다.

이렇게 하여 추진 된 것이 제남리음악회다. 원하든 원하지 않았든 익산을 방문하여야만 했던 사람들과, 내키든 내키지 않았든 부사관을 자녀로 둔 가족 친지들이 찾아와야 했던 학교연병장에서 음악회가 열린 것이다.

따라서 익산시가 주최하지만 언제 어떻게 열릴지를 알지 못하며, 주관하는 학교측이 임관하는 후보생 가족을 상대로 홍보하기 때문에 시민들은 행사 여부도 알지 못한다. 그래서 시민조차 돈 주고도 관람할 수 없는 음악회가 바로 제남리음악회다. 1년에 몇 번이나 열리는지 한 번에 몇 명이나 참석하는 지도 모르는 것도, 따지고 보면 모든 것이 군사 기밀이기 때문이라는 것에 수긍이 간다.

익산시는 이런 사실을 바탕으로 하여 제남리음악회에 열정을 쏟고 있다. 전국 방방곡곡 돌아다니며 먼 곳 익산에 놀러오라고 홍보하지 않아도 좋을 홍보를 하고 있는 것이다. 평생에 한 번 익산을 찾을지 안 찾을지도 모르는 사람들에게 앉아서 홍보할 수 있는 기회를 잡은 것이다. 내가 생각하기에도 남쪽 변방 작은 마을 익산을 알리는 방법으로 이것 말고 더 좋은 방법이 있을지 모르겠다.

우선 제남리음악회는 먼 곳에서 휘이휘이 달려온 사람들에게 지루하지 않도록 볼거리를 제공하는 역할도 한다. 우선 익산시립합창단이 '그리운 금강산'으로 그 막을 열고, 심금을 울리는 육군가, 가을이면 코스모스가 피어있는 인근 황등역을 주제로 한 '고향역'이라는 가요도 빠지지 않는다. 잠시 목을 가다듬는 사이에 '운초 오정숙판소리보존회'에서 익산아리랑을 선보인다. 이때의 익산아리랑은 내가 작사한 것으로 한씨조선으로부터 백제에 이르기까지 익산의 역사와 전통을 가장 잘 나타낸 아리랑으로 통한다. 그리고 이어지는 곡은 '호남가'로 지역의 특색을 소개하는 나름의 역할을 한다.

그러나 노래로만 구성되는 것보다 약간의 율동이 필요하다고 생각될 무렵에는 국가지정 무형문화재인 이리농악이 출연한다. 이리농악은 다른 지역의 농악에 비해 상대적으로 정적이며 얌전한 것이 특색이다. 그러나 일반 사람들은 이런 지역마다의 특색을 잘 모르기 때문에 좀 더 빠르고 역동적인 농악을 선호하기도 한다. 그러나 획일적인 농악만 생각한다면, 각 고장의 생업과 경작하는 작물의 종류에 따른 차이를 이해하지 못한 데서 비롯된 편견이라 할 수 있다.

물론, 육군부사관학교의 행사에 익산시의 공연만 있는 것은 아니다. 육군 홍보부대에서 나온 가수가 출연하여 신세대 음악을 들려주는가 하면, 의장대의 퍼레이드 시범은 고정출연으로 되어 있다. 어떤 때에는 시내 학생들이 펼치는 브라스밴드와 군

악대의 협연도 있다. 또 초등학생과 유아원 아이들의 태권도 시범이 열리기도 한다. 비록 짧은 시간이지만 세상에 둘도 없는 민과 군의 환상적인 축제가 되는 것이다.

공연이 끝날 무렵에는 익산시립무용단의 화려한 무대가 이어지고, 사전 협의에 따라 전라북도무형문화재인 '익산목발노래'의 가무악이나 '익산기세배', 그리고 익산오케스트라가 출연하여 연주하기도 한다. 주민지원센터에서 활동 중인 오카리나, 대금, 난타, 스포츠댄스와 같은 취미 문화 활동반이 출연하는 경우도 있다. 이들은 어떤 공연을 잘하고 못하고를 떠나서 열정과 노력을 앞세워 양념으로서의 역할을 충분히 해낸다. 무엇이든 조연인 양념이 들어가야 더 풍부한 김장김치의 맛을 느낄 수 있는 것과 마찬가지다.

공연을 하는 출연진이야 그렇다 치더라도, 공연을 관람하는 관객 역시 생각지도 못한 장소에서 생전 처음 보는 공연을, 언제 다시 볼 수 있을지 장담할 수 없는 공연을 관람한다는 것은 정말 행운이 아닐 수 없다. 그것도 관람을 위하여 시간과 비용을 들여 일부러 익산까지 와서 본다는 것은 상상조차 할 수 없는 일이다.

익산이 전국적으로 알려지기는 1977년 11월 11일 이리역 화약폭발사고 이후부터다. 요즘이야 교통과 매스컴의 발달로 전국 일일생활권이 되었지만, 아직도 덜 알려진 곳이 작은 도시 익산인 것은 사실이다. 일주일 혹은 열흘 행사에 몇 억 원을 사용하면서도 전국 구석구석의 손님을 끌어오지 못하는 것에 비하면, 한 차례의 행사에 겨우 1천만 원 정도의 경비로 전국 각 지역의 손님을 초청한다는 것은 정말 놀라운 효과가 아닐 수 없다. 이것은 기존의 인프라를 활용하는 방식인데, 보이지 않는 익산의 저력이라 말할 수 있다.

이런 제남리음악회에서 걸림돌이 된 것이 무대장치였다. 원래 임관식을 거행하는 연병장이다 보니 공간이 넓은 것은 물론이며, 바로 이어서 벌어질 행사에 대비하여 무대를 설치하고 철거해야 하는 것이 가장 큰 어려움이었다. 방청석은 연병장 주위의 스탠드인데 공연은 한 가운데의 열병식장에서 벌어지는 것이다. 그러나 익산시는 이것을 일거에 해소하였다. 무대를 설치하는데 소요되는 시간은 20분이면 족하며, 해체하는데 걸리는 시간도 20분이면 된다. 따라서 공연이 끝나고 잠시 허리를 펴는 사이에 무대를 철거하고, 바로 이어서 본 행사인 임관식이 거행될 수 있도록 한 것이다. 주관자인 학교에서도 더 이상 반대할 이유가 없어졌다.

우여곡절 끝에 시작한 첫 회 제남리음악회의 반응은 상상 그 이상이었다. 지금까지 어디에서도 시도되지 않은 음악회가 벌어졌던 만큼 집행부의 관심도 끌었다. 선택받은 장소에서 선택받은 사람들을 위한 특별공연이었으니 관람객의 호응은 절대적이었다. 열린음악회가 전국적으로 방영되며 전 국민이 즐겨보는 프로라고 하지만, 그 음악회는 공연하는 출연자와 집에서 시청하는 시청자 사이의 교감일 뿐이다. 지역과 관람객 사이의 교감은 전혀 없다. 그렇다면 우리 익산을 생각하면서 느끼는 감정은 현장에서 공연하고 객석에서 직접 관람하는 방식 외에 더 이상 좋은 것은 없는 것이다.

최근에 익산시민을 위한 음악회 초청제도가 마련되고 있다는 반가운 소식이 있다. 아직 시작 단계라서 부사관학교 출신자와 그 가족 그리고 전에 부사관학교에서 근무한 적이 있는 군인과 그 가족에게 허용하는 것을 검토하고 있다고 한다. 조금 더 확실한 방법이 나오면 익산 시민에게도 확대하는 방안이 강구될지도 모르겠다. 물론 그렇다하더라도 모든 시민이 참석하는 그런 공연은 되지 못할 것이다. 행사 자체가 특수 목적으로 이루어지기 때문이다. 그렇다하더라도 제남리음악회가 익산을 홍보하는 것은 물론이며, 전 국민에게 작지만 아름다운 음악축제로 기억될 것은 믿어 의심치 않는다. 이제 막 3년을 넘긴 제남리음악회의 역사가 짧지만, 그 효과의 입소문은 이미 전국 대명사가 되었다. 다른 축제가 1년 중 정해진 한 번의 기회밖에 없지만 제남리음악회는 미리 날짜를 정하지 않아도, 관객 동원을 위한 별도의 홍보가 없어도 성공적으로 치러지는 아름다운 축제가 된 것이다.

⑤ 책사랑작은도서관

익산시 석탄동에 가면 '책사랑
작은도서관'이 있다. 이곳은 사
립작은도서관으로 개인이 운영
하는 도서관이다. 나도 개인도
서관을 운영한 것이었지만, 형
편에 따라 속수에 없다. 동익산
역에서 좌측으로 내려다보이는
마을, 이뜨기로 불리는 옛뜩 마
을에 위치한 책사랑작은도서관
은 들녘 논 가운데에 있는 작은

| 책사랑작은도서관 회원증 |

교회에 부속된 도서관이다. 그러나 내용적으로 보면 운영자가
교회 목사님인 만큼 종교적인 서적부터, 아이들 책을 비롯하여
일반 성인용 도서까지 약 10만 권이나 두루 갖추고 있는 대형
도서관이다.

책사랑작은도서관은 처음에 전주에서 출발하였으나 익산으
로 이전한 경우에 속한다. 물론 운영자가 전주에서 살다가 익산

으로 이주한 때문이지만, 도서관 하나가 덤으로 이주한 셈이니 익산 입장에서는 기분 좋은 일이라 할 수 있다. 그런데 문제는 책사랑도서관에서 운영하고 있는 일들이다. 전주에 있었을 적부터 시도했던 여러 가지 프로그램을 잘 다듬고 익산에서 와서 제대로 꽃을 피우고 있는 셈이다. 어떻게 보면 익산에 호박이 넝쿨째 굴러 들어온 격이다.

책 읽는 사람이 앞서간다는 말은 우리가 들어 익히 알고 있는 바다. 같은 일을 하면 예전에 해당하는 분야의 책을 많이 읽은 사람이 앞서간다는 말이다. 그러나 실제로는 해당 분야가 아니더라도 여러 종류의 많은 책을 읽은 사람이 앞서가는 것이 현실이다. 책에는 저자의 삶이 들어있어서, 책을 읽는 사람은 그 저자의 일생을 대신 살아보는 효과를 가져 오기 때문이다. 대표적인 책으로는 생각을 담아낸 철학서나, 원리를 밝힌 논문, 일생을 그린 평전, 순간의 판단을 돕는 영웅전 등을 들 수 있다. 그래서 어린아이들에게 위인전을 많이 읽도록 권장하는 것이다.

다행히도 익산시는 2010년 2월에 '책 읽는 문화도시'를 표방하면서 익산시 독서문화진흥을 위한 조례를 제정하였다. 독서의 중요성과 독서의 필요성을 알고 있었다는 말이다. 그리고 6월 15일에는 '책 읽는 문화도시 익산' 선포식도 가졌다.

그 결과 인구 30만 명의 도시에 시립도서관이 마동도서관 하나뿐이었으나 영등도서관, 모현도서관, 부송도서관까지 벌써 4

개로 늘어났고, 2015년에 새로 건립된 황등도서관까지 합하면
모두 5개의 시립도서관을 가지고 있다. 이 숫자는 결코 작은 숫
자는 아니다. 풀어보면 인구 6만 명당 하나의 도서관을 가진 셈
이며, 60만 권의 책은 인구 한 명당 2권의 책을 가지고 있는 꼴
이다.

익산시는 이런 물리적인 조건 외에도 독서마라톤, 독서릴레
이, 독서동아리활동, 독서리더학교운영, 도서교환코너, 도서장
터, 독서골든벨, 시민사서아카데미, 독서단체문학기행, 청소년
독서캠프 등, 책과 관련하여 많은 프로그램을 운영하고 있다.
그런데 현실적으로는 익산 시민들이 생각보다 많은 책을 읽지
않고 있다는 것을 알 수 있다. 지난 2014년 10월 17일의 독서
활성화 세미나에서 밝혀진 것은, 익산 시민 한 사람의 1년 평균
독서량이 12권이었다. 이 수치는 전국 평균인 20.8권에 크게 밑
돌고 있다. 또한 학생들 역시 고학년으로 올라갈수록 독서량이
현격하게 줄어들고 있다는 것이 현실이다. 이것이 익산시의 독
서현황이라면 지금까지의 정책이 혹은 참여정신이 미흡하였던
것이라는 결론도 낼 수 있다. 그렇다면 어디서 어떤 문제로 해
결해야 할 것인가.

이런 시점에 등장한 것이 바로 '책사랑작은도서관'이었다. 시
에서 불러 초청한 것도 아닌데 운영자가 제 발로 걸어 들어온
것이다. 마치 익산시에 독서 열풍을 불어넣는 것이 자신의 사명

인 것처럼 말이다.

책사랑도서관에 가면 승용차 50여 대를 동시에 주차할 수 있는 공간이 있다. 그래서 언제 누가 방문을 하든지 전혀 부담이 없는 곳이다. 개인이 이런 공간을 확보하는 것은 매우 어려운 일이겠지만, 책사랑도서관은 그리 어렵지 않게 주차장을 마련하였다. 도서관의 울타리 옆으로 철도부지가 있어서 비까지 피할 수 있는 공간이 확보되어 있는 곳이다.

시내 4차선 간선도로에서 혹은 동익산역에서 2분 정도만 들어가면 도착하는 조용한 마을 이뜨기에서, 넓은 주차장을 확보한 책사랑작은도서관은 지역 명물로 통한다. 이곳에서는 계절을 가리지 않고 독서캠프를 체험할 수 있다. 그러니 다른 곳에서는 비가 오면 취소될 수도 있는 것에 비교하여 여름 독서캠프가 절정을 이룬다. 앞에서 언급한대로 비를 피할 수 있는 주차장이 마당보다도 더 넓게 펼쳐져있으며, 100평의 마당에서 캠프화이어를 즐길 수 있기 때문이다. 그 불은 여름 모기를 쫓는 모깃불 역할을 하여 시골체험 현장으로도 충분하다. 그러나 봄이면 파릇파릇 자라나는 새싹들로 생을 이야기하며 가을이면 누렇게 익은 벼들이 꾸며낸 황금들판을 소재로 한 정취와, 겨울이면 잎이 다 떨어진 감나무와 그 위에 눈 덮인 까치밥 등 겨울대로의 멋을 감상할 수 있는 곳이다.

어떻게 생각하면 굳이 독서캠프가 아니어도 좋다. 그냥 부모와 아이들이 손에 손을 잡고 하룻밤을 야외에서 지낼 수 있다는 것만으로도 충분한 것이다. 이것이 바로 부모의 진정한 자식 교육이 아니겠는가. 내가 직접 밥을 지으며 부모님과 시간을 보낸다는 것은 인문학적으로 매우 바람직한 일이라 할 수 있다. 교육의 원래 목적이 홍익인간이면, 독서는 그런 사람을 만드는 지름길이며, 인문학은 멈추지 않고 달려갈 수 있는 푸른 신호등일 것이다. 그리고 이런 것을 한꺼번에 이룰 수 있는 곳이라면 바로 아름다운 학습의 장이 아닐까 생각한다.

아이들이 모를 기르기 위하여 볍씨를 고르지는 못한다하더라도 논에 모판이 있는 것을 보는 것만으로도 훌륭한 교육이 될 것이며, 직접 모심기는 못하더라도 모내는 것을 보는 것으로도 충분하다. 또한 논고랑에 기어 다니는 우렁이는 친환경적인 요소로 생명에 대한 애착을 느낄 것이며, 잘 익은 벼는 풍요롭고 넉넉한 인심으로 배려와 남에게 베푸는 마음을 가져다 줄 것이다.

한여름 무더위에 지쳐 꽃이 없는 순간에도 나팔꽃과 호박꽃은 보는 이를 사색에 잠기게 하며, 마당에 핀 패랭이는 앙증스러움에 더불어 사는 지혜를 안겨 준다. 냇가의 창포는 심신의 수양과 자기 성찰의 시간을 갖게 하며, 진흙에서 피어나는 연꽃역시 인생을 돌아보게 하는 요소가 된다.

그런가 하면 아이들이 꺾어주는 풀을 먹고 자라는 토끼는 동물 사랑과 환경 사랑을 느끼게 하며, 비록 한정된 공간이기는 하지만 음식물 찌꺼기를 먹고 자라는 지렁이는 자연 정화와 더불어 재활용이라는 검약 정신을 일깨워준다. 한편, 닭 대신 거위를 키우는 이곳에서는 세종 때 대제학을 지낸 옛 선비 윤회가 자신을 희생하여가면서까지 동물을 사랑하였던 마음을 배울 수 있으며, 물웅덩이에 사는 자라는 자신을 위해 남을 속이지 말라는 별주부전을 떠올린다.

| 다리에 털 난 닭 |

일반 사람들이 며칠 전부터 날을 잡고 많은 짐을 챙긴 후, 차를 타고 한 시간 혹은 두 시간씩 멀리 가지 않아도 쉽게 체험할 수 있는 독서캠프장이 있다는 것은 시민들에게 또 하나의 행복을 제공하고도 남는다. 전국적으로 편리하게 만들어진 도서관 내 독서캠프장은 두 군데가 있는데, 다들 익산만은 못하다. 게다가 그들은 지자체의 대폭적인 지원을 받고 있어서 비교가 되

지만, 실제로는 익산의 책사랑도서관이 훨씬 다양하며 체계적인 프로그램을 가지고 있다.

다만 하나의 문제를 지적한다면 익산은 그런 지역에 비해 거주하는 인구가 적어서 찾는 사람도 적다는 것이다. 그럼에도 불구하고 전천후 주차장과 옥외 행사를 기상에 관계없이 할 수 있는 장점 때문에 전국적으로 독서관련 단체에서는 모범 사례로 꼽고 있다는 것은 눈여겨 볼만 하다.

봄이면 서릿발에 들뜬 보리밟기와 파릇파릇 돋아나는 새싹을 만져보고, 여름이면 냇가에서 물장구도 치고, 가을이면 누런 황금들판을 거닐며 메뚜기를 잡고, 겨울에 연날리기와 썰매를 탄다는 것은 동심으로 돌아가고 싶은 욕망을 채워준다. 개구리 소리를 들으며 낙엽 떨어지는 소리를 듣는 것은 마음의 새로운 재충전의 기회를 제공하기도 한다. 코스모스가 피어있는 자전거 산책길을 걷는 것도, 지나가는 기차를 바라보며 미지의 세계로 마음 여행을 떠나는 것도, 간선 수로 제방 위 둑길을 걸으며 종이배를 물에 흘려보내는 것도 도심 도서관에서는 상상할 수 없는 추억에 속한다. 원래 독서가 마음의 양식이라는 점을 그리고 치유의 근본이라는 것을 안다면 정말 축복받은 환경이다. 사람 역시 다른 동물과 다르지 않게 고향에 대한 향수가 있으며, 회귀본능이 있는 것이다.

주인이 사는 지붕 낮은 옛 집은 고개를 숙여야 들어갈 수 있지만 보는 이들로 하여금 친근감을 갖게 한다. 이 집에 들어오는 사람은 누구나 집 주인에게 고개를 숙여 절을 하여야만 들어갈 수 있는 것이다. 문지방을 넘어서면 바로 보이는 정면에 써붙인 글귀는 다시 한 번 성찰의 기회를 부여한다. 이것 또한 예절을 배우는 아주 중요한 덕목 중의 하나로 꼽힌다.

뿐만 아니라 책사랑도서관장은 전국사립도서관협회 이사와 전북지부장을 동시에 맡고 있어서, 여러 가지 독서관련 일 또는 도서관 관련 일로 연계된 사람들이 방문하는 곳이기도 하다. 어떻게 보면 이뜨기 시골 들녘 농촌 마을에 전국적인 손님들이 시도 때도 없이 드나든다고 보면 되는 곳이다. 이곳 책사랑작은도서관에서는 독서지도사를 양성하는 교육을 시키기도 한다. 그런가 하면 독서치료 즉 독서심리상담사 자격증 과정을 개설하여 전국에서 많은 사람들이 익산을 찾도록 홍보하고 있는 것이다. 뿐만 아니라 사립작은도서관협회 관련 회의나 각종 세미나도 개최하여 조용한 시골마을이 전국적인 유명세를 타도록 거들기도 한다. 이것은 작은도서관 자체적으로 운영하는 독서캠프와 달리 계획적이고 의도된 기획이라고 볼 수 있다. 어느 한 개인이 이처럼 외지인을 불러 모으는 행사를 할 수 있을지, 생각하면 생각할수록 익산시의 개인자격 홍보대사라 불러도 손색이 없다는 생각이 든다.

6
파전칠미거리

"그럼 파전거리에도 가보셨어요?"

익산에 오면 파전거리를 둘러보아야 한다. 그곳에서는 세상에 다시없는 아주 맛있는 파전들이, 그것도 필요하면 얼마든지 무한리필 되기 때문이다. 원래 파전이라는 것은 아주 오래 전부터 밥상머리에 올라올 정도로 우리 입맛에 길들여져 있었다. 식사 시간이 지나 출출할 때도 먹었지만 밥하기가 어중간할 때에는 처음부터 한 끼의 식사대용으로 먹기도 하였다. 또 비가 오고 할 일이 없어 심심하면 생각나는 것이 파전일 정도로 허전함을 채워주는 음식이기도 하다.

익산의 파전거리는 그 유명한 피맛골 옆에 있어서 찾기도 쉬운 곳이다. 전국적으로 널리 알려진 다른 지방의 파전이 특정 브랜드를 가지고 있지만, 여기 익산의 파전거리는 그만큼 잘 알려진 한 개의 유명브랜드가 아니라 파전거리 자체가 유명하다는 것을 알 필요가 있다. 익산 파전거리의 특징은 어느 특정 형태를 내세우기 보다는 내가 먹고 싶은 파전을 골라먹는 점에 있으므로 파전거리 자체를 브랜드화 한 것이라면 비교가 될 것이다.

파전거리는 여느 식당과 달리 아침 일찍부터 움직이기 시작

한다. 그러나 정작 파전을 파는 시간은 오전 11시부터다. 파전에 쓰일 재료들은 하나같이 그날 새로 들여온 싱싱한 재료만을 사용하기 때문에 어느 가게를 막론하고 부지런을 떨지 않을 수 없는 것이다.

농수산물 도매시장에서 그날그날 합당한 가격으로 경매를 거친 재료들은 곧바로 파전거리로 모여든다. 주재료인 쪽파를 비롯하여 대파와 양파, 그리고 파프리카와 마늘, 강황, 생강, 달래, 고사리, 홍합, 바지락, 미역 등 다른 파전에서 상상할 수 없는 재료들이 포함된다. 그런데 이런 재료들을 모든 파전에서 경쟁적으로 사가는 것은 아니다. 그들만의 방식에 따라 그들이 필요로 하는 재료는 정해져 있는 것이다.

익산의 파전거리에서 운영하는 점포는 두 가지 형태로 나눌 수 있다. 우선, 중간 소매상을 거치지 않고 경매시장에서 직접 사오는 저렴한 식재료를 사용하는 점포가 있으며, 다른 하나는 중도매인이 직접 운영하여 원재료 마진과 파전 판매 마진 중 어느 한 쪽의 이익을 손님에게 돌려주는 형태로 운영하고 있는 것이다. 이것은 이곳 파전거리에 입주한 점주들 사이에서는 처음부터 원칙으로 정해져 있는 규약이다. 이것만 놓고 본다면 중도매인 직영이 저렴할 것으로 생각되지만, 어쨌든 다른 점포들도 계속하여 운영되는 것을 보면 가격 외에 또 다른 어떤 이유가 존재하는 것은 확실하다. 그것은 아마도 별미라는 이름을 빌린 기능성 파전의 장점이 아닌가 생각된다.

익산의 파전거리는 마치 전국의 유명한 파전을 한 군데 모아 놓은 것과 같은 형태를 띠고 있다. 그래서 칠미파전거리라고 불리고 있는 것이다. 마치 조선 팔도의 파전을 다 모아 놓은 것과 같고, 일곱 가지 맛을 내는 파전거리라는 뜻이기도 하다. 이런 파전은 전국의 유명 특산지를 다 돌아다녀도 맛보기 어려울 정도인데 익산에서는 한 걸음에 맛볼 수 있어 파전마니아에게 새로운 명소로 꼽힌다.

1) 함라파전

함라파전은 함라라는 지명에서 파생된 파전으로, 한 마디로 말하면 부드러워 먹기 쉬운 파전이라는 특징을 가지고 있다. 다른 지방의 파전이 두툼하고 푸짐한 것에 비해 반대로 얇은 것으로 차별화되는데, 한 입에 넣고 먹기가 쉽다. 조금 뜨겁다하더라도 호호 불어 먹으면 금새 식어버릴 정도로 얇은 것이 특징인 함라파전이다. 거기에 참기름을 발랐으니 먹기 전부터 향긋한 냄새와 함께 느끼는 맛도 일품이다.

원래 익산이 평야지대로 먹을거리에 대한 근심은 없었던 곳으로 유명하다. 그래서 본격적인 농사가 시작된 조선시대부터는 자기 농토가 없어 소작을 하더라도 품을 팔면 그런대로 먹고 살아갈 수는 있었던 곳이기도 했다. 우리 옛 말에 자기 먹을 것은 자기가 타고 태어난다고 하였었다. 일하고 싶어도 일할 곳이 없어서, 배가 고파도 먹을 것이 없어서 먹지 못하는 것에 비하면, 우리나라는 그 중에서도 익산은 그래도 살만한 고장임에 틀림없어 보인다.

이런 익산에서도 함라는 옛 양반고을이라는 대명사가 붙어 다닌다. 강점기시절 호남선 철도를 놓을 적에 원래는 함라를 거쳐 가도록 계획되어 있었으나, 당시 유생들은 괴상한 물체로 인하여 고을이 황폐화되는 것을 그냥 두고 볼 수는 없다하여 부득이 노선을 함열로 바꿨다는 말도 있다. 그만큼 먹고 사는데 문제가 없었기에 다른 데 신경을 쓸 필요도 없었다는 뜻일 게다.

그래서 그런지 함라에는 삼부자집을 중심으로 하는 자그마한 한옥마을이 있다. 이때의 삼부자는 세 명의 부자라는 뜻이며, 조선시대에 만석꾼 세 명이 담 하나를 사이에 두고 나란히 살았을 정도로 풍요로웠던 것을 짐작할 수 있는 곳이다.

그러다보니 많은 농사는 머슴을 두고 일을 시킬 수밖에 없었으며, 일하는 시간에 비해 음식을 차려 먹는 시간을 너무 많이 소비하는 것이 아깝지 않을 수 없었다. 그래서 생겨난 것이 쉽게 먹을 수 있는 질척한 파전이라는 말도 있으나, 이것은 확인할 수 없는 이야기일 뿐이다.

그러나 결과적으로는 영양가가 적은 파전을 그것도 질척한 상태로 먹고 나면, 아무리 배가 부른다 한들 힘든 농사일을 하는 데 쉬 피로해지는 것은 어쩔 수 없었던 상황이었다. 그래서 첨가한 것이 영양가가 풍부한 참기름이다. 이런 말을 곱씹어 보면 내용인 즉은 그럴듯해 보인다.

한참 일하다가 손도 제대로 씻지 못하고 먹는 음식에 체하는 것이 두렵고, 쉬는 시간이 아까워 빨리 먹어야 하기 때문에 잘 넘어가는 파전과, 그런 단점을 보완하는 부재료로 곁들인 참기름은 그야 말로 환상의 짝꿍으로 탄생된 것이다. 이것이 함라파전의 유래라면 유래라 할 수 있다.

따지고 보면 양반들이 함라파전을 먹을 때는 아무도 없는 골방에서 먹었다는 말이 그럴듯하게 들린다. 어쩌면, 과거보러 한양에 올라갈 때 아무도 모르게 살짝 돌아서서 요기하던 음식이 함라파전이 아니었는지 모르겠다.

하인이나 머슴이 먹었음직한 파전을 양반이 먹었다는 것은 자존심이 허락하지 않았을 것이기 때문이다. 그러나 고소한 냄새가 폴폴 나는 파전을 두고 그냥 지나칠 사람은 없었을 것이니, 아무리 양반이라도 먹지 않고는 못 배겼을 것이다.

함라파전은 만들기도 쉽고 먹기도 쉬운데, 이런 뜻을 생각하면서 자기 손으로 직접 쭉쭉 찢어 먹는다면 나름 재미가 있을 것이다. 그런데 이런 파전을 먹고 나면 반드시 일을 해야 하는, 뭔가 부지런히 일을 하지 않으면 안 될 것 같은 심리적 충족감을 준다. 선인들이 일을 하지 않으면 먹지도 말라고 하였지만, 일이 우선인지 먹는 것이 우선인지 잘 몰라도 뭔가 일을 해야 할 것 같은 분위기가 담긴 파전이다.

일이 잘 풀리지 않을 때, 뭔가 큰 결심을 하고 일을 시작할 때, 그런 때 생각나는 음식이 바로 함라파전이다. 거기에 새끼손가락으로 휘휘 저은 함라막거리를 한 사발 곁들인다면 옛 선조들과 만나는 일이 생길지도 모르겠다.

2) 춘포파전

춘포파전은 춘포면에서 많이 생산되는 파프리카를 기존의 파전에 접목하여 만든 것을 말한다. 원래 파프리카는 아열대식물로 우리나라에서 재배한지 그리 오래 되지 않은 특용식물이다. 현재도 유리온실이나 비닐하우스에서 재배하는 정도에 머물고 있다. 그런데 파프리카는 원래 가진 색깔이 여러 가지로, 붉은색 파프리카를 넣으면 붉은색파프리카파전이 되듯이 파란색파프리카파전과 노란색파프리카파전도 생겨났다.

우리나라는 오방색 음식을 먹어야 좋다는 말을 하는데, 여기에서 적색과 녹색 그리고 황색의 파프리카로 일거삼득을 할 수 있는 곳이다. 그런데 밀가루가 가지는 흰색까지 더하면 벌써 네 가지 색을 먹는 것이니 먹기 전부터 배가 부른 음식이라 말할 수 있다.

파프리카는 원래 날것으로 먹어도 즙이 많으면서 식감이 좋은데다 맛까지 좋은데, 살짝 익혀서 먹어도 파프리카의 제 맛을 느낄 수 있다. 파전의 파는 잘 익지 않으면 매운 맛이 있지만, 파프리카는 익지 않은 생것도 단 맛이 돌기 때문에 조리하는데 유의할 필요가 있다. 파와 파프리카를 같이 넣고 파가 익도록 기다린다면 파프리카는 식감이 떨어질 수밖에 없으므로, 파가 어느 정도 익으면 파프리카를 넣는 것이 기술이다. 그런데 둘 다 특성을 살리는 것이 어려우므로 한 쪽은 파가 익도록 하고 한 쪽은 파프리카를 넣어 익히는 방법이 대세를 이루고 있다.

그렇지만 좀 더 세련된 조리기술을 가진 사람들은 한 쪽에는 파를 넣고 다시 반대쪽에 파프리카를 넣은 다음, 덮개로는 원재료인 파로 마무리하는 경우가 있다. 그러면 열을 직접 받는 겉의 파는 잘 익으면서도 안에 있는 파프리카는 더디 익도록 만드는 것이다.

식재료를 가지고 조리하는 것이야 기술자들이 하는 것이지만, 우리가 먹기에는 파프리카의 바삭바삭하는 씹히는 맛이 살아있으면 더 좋게 여기는 것이 일반적이다. 춘포에서 생산되는 파프리카는 수출을 주로 하는데, 일부는 시중에 유통되고 있으므로 미리 주문하면 필요한 때에 적당한 양을 구입하는 것은 그리 어려운 일이 아니다.

특히 파전에 들어가는 파프리카는 일정한 크기와 모양이 둥글고 보기 좋은 것만 사용하는 것은 아니다. 맛에는 영향이 없으나 겉모양이 적합하지 않은 것은 잘게 썰어서 넣기도 하니 굳이 값비싼 상품만을 고집하지도 않는다. 대중적인 간식으로 파전을 만드는데, 소비자를 생각하지 않고 원재료가 비싸다고 하여 생산단가를 무작정 높이는 것은 바람직하지 않기 때문이다.

비록 파프리카가 귀한 식재료이기는 하지만, 인근에서 대량으로 재배하는 곳이 있다는 것은 춘포의 파프리카파전을 개발하는데 아주 중요한 요소가 되었다. 파프리카를 생산하는 농장에서도 기초 단계인 생산품 그대로 수출하는 것 외에 여러 가지 부산품 판매를 위하여 2차 산업인 가공을 하고 있으니, 그런 취지에서는 서로 잘 어울리는 요리가 되고 있다.

3) 왕궁파전

왕궁파전은 글자 그대로 왕이 궁에서 먹었던 파전을 의미한다. 그런데 요즘에는 지명인 왕궁면에서 그 옛날의 파전의 의미를 되살려 개발한 파전으로 통한다. 그러니 사실은 왕이 먹었던 파전과는 아무런 상관이 없으며, 단지 왕궁이 있었던 왕궁면에서 개발된 파전으로 이름만 붙인 것이다.

그런데 이 파전의 특징을 들자면 파와 밀가루 외에 대파와 양파가 들어간다. 말하자면 쪽파만 들어가는 다른 파전에 더해 왕처럼 굵은 의미의 대파가 들어가는데, 대파는 가늘게 쪼개어 넣으므로 마치 쪽파와 다를 게 없다. 그래서 전을 부치는 과정이나 먹는 방법에서 별다른 차이점은 없다.

이 대파는 다른 곳에서 사오는 것이 아니라 파전을 만드는 가게에서 직영하는 농장이나 텃밭에서 재배한 것만 사용한다. 왕이 먹을 음식을 여기저기 사러 다니는 것이 아니라, 원하는 품종에 원하는 조건으로 자신이 직접 정성을 들여 가꾸고 있는 것이다. 왕궁에서 왕이 살았을 예전 같았으면 모두가 친환경으로 재배하기에 별 문제가 없을 것이지만, 요즘은 기후변화로 인하여 병해충이 많은데다가 다량 생산을 위하여 비료를 사용함에 따른 천연 먹을거리 구하기가 쉽지 않기 때문이다.

원래 파가 다른 작물에 비해 화학비료나 농약을 많이 사용하지 않기는 하지만, 그래도 자연농법과 유기농을 고집하여 만든 식재료를 사용하겠다는 장인정신을 엿볼 수 있다.

그런데 여기에 한 가지 덧붙이는 식재료가 있다. 과실 중의 어른인 대추가 들어가는데, 가을이면 풋대추도 사용되지만 대체로 마른 대추를 잘게 썰어 넣고 있다. 대파와 대추, 이 둘은 뭔가 조금은 다른 느낌을 주는 식재료라 할 수 있다. 한 가지 더하여 양파를 사용하는데, 많은 양은 아니지만 양파를 갈아 즙을 낸 후 밀가루를 반죽하는 물에 넣어 준다. 원래 양파는 맵고 달지만, 불에 익힌 양파는 매운 맛이 사라지고 단맛만 남기 때문에 다른 조미료를 넣지 않아도 달아서 먹기에 좋은 파전으로 통한다. 덕분에 아이들도 쉽게 먹을 수 있는 파전으로 통한다.

아이들이 익산의 피맛골에서 미처 만족하지 못하였다면 어린

이용 왕궁파전으로 대신할 수도 있다. 대추가 따뜻한 성질을 가지고 있으면서, 맛 또한 단맛이 강하므로 누구에게나 거부감이 없다는 장점도 있다. 원재료인 파와 양파도 따뜻한 성질을 가진 식품으로 우리 몸의 신진대사를 돕기 때문에 겨울에 먹어도 좋은 음식이다.

왕궁파전은 익산의 다른 파전에 비해 비교적 늦게 개발된 파전인데, 왕이 정말로 파전을 먹었을까 하는 의문에 대한 많은 토론 끝에 만들어졌다. 설사 왕이 간식으로 파전을 먹지 않았다 하더라도 나인들과 궁에 있던 다른 신하들은 먹지 않았겠느냐는 의견이 지배적이어서 왕궁파전이 탄생된 것이다.

그런데 왕궁파전은 전통적인 깻잎파전과 비슷한 방식으로 만들어진다. 한 쪽에 반죽을 깔고 먹기 좋도록 중간쯤 칼집을 한 번 낸 쪽파를 넣은 다음, 어느 정도 익어서 형태를 갖추면 뒤집어서 다시 밀가루 반죽을 얇게 뿌린 다음 그 위에 잘게 썬 대추를 넣는 방식이다. 말하자면 한 쪽에는 쪽파가 보이고 다른 한 쪽에는 대추가 그대로 노출되어 있다. 가느다란 쪽파에 칼집을 내는 이유는 왕이 파전을 먹을 때 길게 늘어져서 이러지도 저러지도 못하는 형국이 되면 곤란할까봐 미리 칼집을 내어 잘 끊어지게 만든 것이다. 파전은 길게 찢어 먹어야 제 맛이라지만, 그래도 파전을 먹을 때 쪽파만 고스란히 삐져나오면 민망하고 볼썽사나운 것은 왕이나 신하나 매 한가지일 것이다.

뿐만 아니라 왕궁파전의 특징은 다른 하나를 더 가지고 있다. 이른바 파전을 찍어 먹는 간장인데, 그 간장의 수명이 아주 오래 된 것으로써 말하자면 10년 이상 된 진장만을 사용한다는 것이다. 오래 된 진장은 이른바 씨간장이라고도 하며 오래 묵으면 간장독 바닥에 소금이 엉기는데, 오래 묵으면 묵을수록 소금 외의 간장은 검어지면서 단 맛이 돌기 때문에 약간장이라는 말로도 표현한다.

원래 간장은 콩으로 메주를 쑤어 발효시킨 것이지만, 진장은 벌써 2차 발효가 일어난 진짜 발효식품이라 할 것이다. 예로부터 그 집 음식 맛을 알려면 장맛을 보면 알 수 있다고 하였다. 예전에는 거의 모든 요리에 간장으로 음식의 간을 조절하였기 때문에 이때의 장은 간장을 의미한다.

이런 파전을 한두 장 먹었다고 몸이 금방 좋아지는 것은 아니겠지만, 왠지 왕궁파전이라는 이름만으로도 벌써 건강해지는 듯한 느낌을 받는 파전이다.

4) 웅포파전

웅포는 배가 드나들던 포구다. 요즘이야 강바닥에 토사가 쌓이고 금강 하구둑이 생기면서 선박의 통행이 불가능해졌지만, 예전에는 조운선이 다닐 정도로 유명했던 곳이다. 따라서 조운선의 선원들이 혹은 일꾼들이 먼 거리로 나갈 때 준비하던 음식

중의 하나가 파전이었던 것에서 유래된 것이 웅포파전이다.

웅포는 글자 그대로 해석하면 곰이 드나드는 포구 혹은 곰이 사는 포구다. 어째서 곰과 연관이 되었는지 알 수 없지만, 충청도 공주가 예전에 웅진이었다는 것과 무관하지 않다. 어떻게 보면 평야지대의 순박한 농부에 비해 거친 바다와 싸워야 하는 어부들은 좀 더 억세고 강해야 했던 것에서 유래되지 않았을까 짐작만 할 뿐이다. 이때 어부들이 들고 나가서 먹던 음식 중에 파전이 있었는데, 일정한 취사도구를 갖추어 나가는 대신 두툼하고 푸짐하게 조리된 파전을 준비하였다.

따라서 일정 시간 동안 보관이 가능하도록 하는 방법으로 물기가 적은 즉 투박하면서 단단하게 만드는 것이 특징이다. 그러면서도 한 끼 밥으로 충분하도록 영양이 풍부한 파전을 연구하게 되었는데, 이른바 해물파전이다.

웅포파전은 다른 지역의 해물파전과 비슷하게 홍합을 비롯하여 각종 해산물을 넣는데, 빠지지 않고 들어가는 것이 돼지고기다. 원래 돼지고기는 고온다습하면 잘 상하는 것으로 알려져 있는데, 이런 단점을 보완한 것이 바로 물기가 적고 보관하기 쉽도록 하는 모양으로 만들게 되었다.

되게 반죽한 밀가루에 쪽파를 편 다음 그 위에 홍합과 돼지고기를 썰어놓고, 다시 밀가루와 쪽파를 덧붙이는 방식이다. 여기에 들어가는 홍합이 웅포에서 잡히는 것은 아니지만 바다로 나가는 파전인지라 바다의 식재료를 사용하는 것이며, 대합이나 바지락 등 손에 잡히는 대로 넣으면 푸짐한 해물파전 즉 웅포파전이 된다.

따라서 웅포파전은 센 불에 빨리 구워내는 것이 아니라 은근한 불에 천천히 조리하여야 속까지 골고루 익는다. 이것은 조리하는 사람에게는 매우 까다롭고 손이 많이 가는 일이기는 하지만 멀리 나가는 사람에게는 아주 유용한 음식이 된다.

한편, 웅포파전에 사용되는 돼지고기는 한 번 푹 삶아서 기름기를 제거한 수육을 사용하므로 비계에서 나오는 포화지방에 대한 우려를 덜어준다. 이렇게 먹는 웅포파전은 일부러 돼지고기 수육을 먹고 다시 깻잎이나 상치 등 야채를 먹을 필요가 없이, 쪽파 외에도 강황과 생강, 마늘 등을 한꺼번에 넣어 풍부한 영양을 섭취할 수 있는 영양만점의 파전이다.

돼지고기는 소고기에 비해 값도 저렴하면서 쉽게 구할 수 있으며 영양이 풍부한 식재료였다. 따라서 서민음식의 대명사였던 것이 지금도 그대로 통용되고 있는 실정이다.

구분		1일 권장	개고기	닭고기	닭 가슴살	오리 고기	돼지고기		삼겹살
							살코기	갈비	
에너지	kcal	2500	523	359	416	635	482	416	662
탄수화물	g	328	1.5	1.9	1.3	2.1	2.1	2.0	1.5
단백질	g	60	38.1	38.0	37.6	31.9	35.6	37.1	34.4
지방	g	65	40.3	21.2	27.1	55.1	35.0	28.8	56.8

콜레스테롤	mg	300	72.6	150.0	155.6	159.7	?	138.1	128.0
칼슘	mg	700	18.2	20.0	20.0	30.0	8.9	24	16.0
철	mg	15	5.4	1.9	1.7	3.4	4.3	0.8	1.4
나트륨	mg	2000	145	132	115.5	169.4	33.8	121.7	126.4
비타민 A	μg	700	24.0	99.8	95.8	12.0	8.0	12.0	12.0
비타민 B	mg	3.7	0.36	0.4	0.6	0.6	0.37	0.32	0.6
비타민 C	mg	100	6.2			4.0	0.6	4	2.1

5) 황등파전

황등파전은 고구마파전이라고도 불리는데, 본래의 파전에 황등과 인근 삼기에서 나는 고구마를 섞어 만든 파전이다. 이때 고구마는 채 썰어 말리면 잘게 부러지기 때문에 생것을 사용한다. 고구마파전처럼 일반 파전과 달리 씹는 맛을 내는 종류로는 여산파전의 옥수수를 들 수 있지만, 옥수수는 반쯤 터진 것으로 이미 육즙이 배어 나온 상태이지만 여기의 고구마는 순수한 씹는 맛을 더해준다.

이름하여 고구마파전에서 푹 익힌 경우는 고구마의 씹히는 맛을 온전히 느낄 수 없지만, 반쯤 덜 익은 고구마에서는 마치 생고구마를 먹는 듯한 착각을 불러일으킨다. 입맛이 까다로운 사람들은 덜 익은 고구마가 혹시 소화장애라도 불러오지 않을까 염려할 수도 있겠으나 원래 고구마는 생으로도 먹는 것이니 크게 걱정할 필요는 없다. 그래서 파전 한두 장 정도 더 많게는 하루 종일 먹었다고 하여도 고구마로 인하여 소화불량에 걸릴 사람은 아무도 없다. 그래도 먹는 사람을 배려하여, 반쯤 익힌 고구마파전은 특별히 원하는 사람들의 주문에만 대응하고 있다.

고구마가 본디 저장에 어려움이 많은 식품인 점을 감안하여, 제철이 아닌 경우를 대비한 말린 고구마가 등장하였다. 생것을 썰어 말리면 쉽게 부러지지만 고구마를 찐 후 가늘게 썰어 말리면 쉽게 부러지지 않는다. 이것을 필요한 때에 물에 불렸다가 사용하고 있다. 따라서 일 년 내내 고구마파전을 접할 수 있게 되었다. 그러나 생고구마와 찐 고구마를 사용하는 것에는 맛의 차이가 있다. 찐 고구마는 생것에 비해 더 질기므로 오래 씹어야 하며, 원래 고구마의 맛은 좀 덜한 것이 사실이다.

고구마 100g당 성분을 보면 다음과 같다.

구분		1일 권장량	감자	고구마
에너지	kcal	2500	66.2	129
탄수화물	g	328	14.6	31.2
단백질	g	60	2.8	1.43
지방	g	65	0	0.14
콜레스테롤	mg	300	0	0
섬유질	g	25	0.2	0.9
칼슘	mg	700	4.0	24.0

철	mg	15	0.6	0.6
나트륨	mg	2000	3.1	15.7
비타민 A	㎍	700	0	19.0
비타민 B	mg	3.7	0.06	0.06
비타민 C	mg	100	36.0	25.0
비타민 E	mg	10	0	0.64

6) 여산파전

여산파전은 옥수수파전 혹은 고사리파전이라고도 불리는데, 주재료인 파 외에 옥수수 알갱이와 고사리가 들어가는 것이 특징이다. 밀가루 반죽에 반쯤 터진 옥수수 그리고 고사리를 넣으면 점점이 노란색과 적갈색이 나와 먹는 재미와 보는 재미도 제공한다.

이때의 옥수수는 여산에서 나는 것으로 반쯤 터뜨려서 액즙이 나올 수 있는 정도로 만들어 사용한다. 다른 파전과 달리 씹히는 자극이 맛을 더해준다. 여름이면 옥수수자루를 포대에 담아 전통시장으로 팔러 다니던 아낙들이 심심찮게 부쳐 먹었던 파전을 보완하여 하나의 특산품으로 만들어낸 경우이다.

여기에 들어가는 고사리 역시 천호산에서 나는 것을 사용한다. 천호산은 해발 502m밖에 되지 않지만 익산에서는 가장 높은 산이다. 익산은 그만큼 평야지대로 이루어졌다는 것을 증명

하는 말이기도 하다. 그래서 여산은 밭이 논보다 많아 옥수수를 비롯하여 조와 수수, 기장 등이 많이 생산되며, 야생 고사리도 채취된다. 그런데 요즘에는 고사리가 건강식품으로 인기를 끌면서 자연산으로는 충족시킬 수 없어 작목반을 중심으로 재배하기에 이르렀다. 이런 참에 고사리를 응용하여 또 다른 지역 특산품으로 개발한 경우에 속한다.

주 식품군에서 100g당 성분을 비교해보면 옥수수는 쌀과 밀가루에 비해 영양학적으로는 뒤지지 않는 식품이면서, 기타 지방이 상대적으로 많이 포함되어 있으며 섬유질도 부족하지 않은 편이다.
서양에서 옥수수가 주식에 포함되는 것도 나름 이유가 있는 듯하다.

구분	열량 kcal	단백질 %	지방 %	비질소물 %	섬유질 %	회분 %	티아민 mg	리보플라빈 mg	나이아신 mg
현미	360	7.5	1.9	77.4	0.9	1.2	0.34	0.05	4.7
백미	363	6.7	0.4	80.4	0.3	0.5	0.07	0.03	1.6
보리	349	8.2	1.0	78.8	0.5	0.9	0.12	0.06	3.1
밀	330	12.3	1.8	71.7	2.3	1.7	0.52	0.13	4.3
옥수수	348	8.9	3.9	72.2	2.0	1.2	0.37	0.12	2.2

7) 목천포파전

목천포파전은 일반적인 파전에 바다에서 나는 홍합이나 바지락 등을 넣은 것으로 일명 해물파전과 같다. 이곳의 목천포라는 지명 역시 바다와 연결된 포구라는 뜻으로 전에는 배가 들어왔음은 물론이며, 최근까지도 장어구이집으로 성황을 이루었던 곳이다.

다른 해물파전에 장어와 관련된 상품을 만들어 특화시킨 것이다. 남들이 겉으로 보기에는 별반 다르지 않은 해물파전이지만, 밀가루에 장어 뼛가루를 섞어 반죽하는 것이 특징이다. 또한 물에도 뼈를 우려 낸 국물을 첨가한다. 따라서 목천포파전을 먹으면 해물파전과 장어를 동시에 먹는 셈이 된다.

최근 목천포파전에 들어가는 장어는 바다와 민물 사이를 오가는 양이 적어 부득이 양식 장어를 사용한다. 다행히도 인근에서 다량으로 양식하는 곳이 있어 수급에는 어려움을 겪지 않는다. 장어 양식장에서는 손님들에게 장어관련 요리를 선보이고 있지만, 장어에 대한 수요가 예전보다 적어서 양식 농가 입장에서는 파전에 활용하는 것도 하나의 판로에 도움이 되니 일거양득이 되는 셈이다. 따라서 장어뼈를 저렴하게 확보하는 것이 그리 어렵지 않아 차별화된 파전을 만들 수 있게 되었다.

한편, 다른 지역의 파전골목 혹은 파전골과 비교하여 뒤지지 않는 특색은 식당의 이름에 사용된 곳에서 생산된 막걸리를 내놓는다는 것이다. 예를 들면 함라파전집에서는 함라막걸리를 내고, 춘포파전집에서는 춘포막걸리를 낸다. 물론 다른 지역에서 생산된 막걸리를 판매하지 않는 것은 아니지만, 별다른 주문이 없으면 으레 파전 이름에 붙어있는 막걸리가 따라오는 것이다.

다만, 목천포파전은 목천포막걸리가 없어서 목천포막걸리를 내놓을 수 없지만 그 대신 장어술을 낸다. 장어술은 장어의 뼈를 담금용 소주에 넣어 숙성시킨 것인데, 장어뼈는 젖어있는 상태로 사용하는 것이 아니라 기름에 살짝 볶아서 넣는다. 다른 집의 막걸리와 비교하여 운치가 떨어지기는 하지만 그렇다고 소주와 파전이 어울리지 않는 것은 아니니 별도로 문제가 되지는 않고 있다.

한때는 장어술 즉 장어쓸개주가 유행하던 시절도 있었다. 그러나 요즘에는 많이 찾지 않는 관계로 장어쓸개주 대신 인삼주나 두견주처럼 장어뼈를 우려내는 장어술을 사용하고 있는 것이다.

그런데 이곳에는 전국에서 볼 수 없는 또 다른 특징이 있다. 다른 곳의 막걸리집은 막걸리를 주문하면 안주가 나오는 것이 상례인데, 이곳에서는 파전을 주문하면 막걸리가 곁들여 나온다는 점이다. 말하자면 막걸리를 판매하는 곳이 아니라 파전을 판매하는 곳이라는 뜻이다. 그래서 익산의 파전거리가 유명해 졌으며, 그 이름도 흔한 막걸리 골목이 아니라 파전거리가 된 것이다.

뿐만 아니라 각 파전집의 이름답게 그 고장을 홍보하는 내용물이 가득하다. 벽 어디를 보아도 멋있는 풍경이 있고, 그 지역 출신 화가가 그린 그림으로 벽지를 대신하기도 한다. 오래 된 주민들의 생활상이 있고, 어릴 적 초등학교에 다니던 시절을 연상시키는 사진도 있다. 그런가 하면 그 고장 출신 문인들의 작품 구절이 적힌 시화는 한 폭의 동양화를 연상시킨다.

이곳에 가면 예술인의 족보를 뗄 수도 있을 것 같은 느낌이 든다. 하다못해 거리 사진을 찍어 놓기도 하며, 벽화로 새로 단장한 모습을 옮겨놓은 곳도 있다. 이렇게 채우다 채우다 다 못 채우면 이전에 유명했던 마을 출신 인물의 행적을 소개하는 것도 색다른 볼거리에 속한다. 요즘 인문학 특히 역사에 관심이 높아지면서 거론되고 있지만 여기 파전골목에서는 앞서가는 세상을 살아왔다고 할 수 있다.

익산의 파전칠미거리는 단순히 먹고 마시는 골목이 아니다. 매일 일정시간이 되면 거리를 울리는 풍류 문화의 거리다. 서양 음악을 들고 거리로 나서니 거리음악이 되었듯이, 우리 소리를 들고 거리로 나서니 풍류문화가 되었다. 예전의 주막이나 가진

자들이 누렸던 은폐된 술 문화와 달리 트인 공간에서 누구나 즐길 수 있는 거리문화로 탈바꿈한 것이다.

익산이 예로부터 걸출한 국창을 배출한 고장으로 가히 국악의 고장으로 불리는 것에서 비롯된 문화다. 일정한 시간이 되면 판소리를 비롯하여 우리 전통 민요를 들을 수 있는데, 무명 신인부터 시작하여 명창으로 불리는 전문가까지 동원되는 수준 높은 공연이 펼쳐진다. 노래는 농촌의 뿌리를 간직한 도농복합도시로 농부가를 비롯하여 호남 지방을 주제로 한 호남가 등 우리 일상에 잘 알려진 곡들이 선보인다.

이들은 칠미거리 중심에서 펼쳐지지만 비가 오거나 눈이 오는 등 기상의 영향을 받을 때에는 당일 해당하는 파전집에 들어가서 공연을 한다. 이것은 미리 정해진 순번에 따라 이루어지는 것으로, 오늘 공연을 어디서 할 것인지 아니면 취소할 것인지 하는 번거로운 절차가 필요 없다. 칠미거리 상인들이 자체적으로 주선하여 실시하는 공연인 만큼 다른 요소에 의해 방해를 받는 일도 없다. 그저 정해진 시간에 정해진 곳에서 실시하면 되는 것이다. 시민들도 일부러 이런 공연을 보러오는 사람도 생겨났다.

이제 익산의 칠미거리가 전국적인 명성은 물론이며 대한민국을 대표하는 외국인 관광의 명소로 소문날 일만 남았다. 마르세이유광장이나 몽마르뜨언덕에 비해 볼거리와 먹을거리가 풍부한 곳으로, 여행 패키지에 넣어도 훌륭한 곳으로 추천한다.

⑦
익산 피맛골

"그럼 피맛골에도 가보셨어요?"

익산에 오면 피맛골을 둘러보아야 한다. 그곳에서는 세상에 다시없는 아주 맛있는 피자가 있기 때문이다. 원래 피자라는 음식이 우리 고유의 음식이 아닌 탓에 나이가 지긋하신 분들에게는 착 앉기지 않는 음식이지만, 글로벌 시대에 사는 세대들은 이국적인 맛에 잘도 적응하고 있다. 다시 말해 젊은 사람들 특히 어린 아이에게 인기가 있는 것이라서 젊은이들이 주로 찾는 먹자골목에서는 빼놓을 수 없는 유명 상표가 되었다.

평일 오후에는 학교를 마친 아이들이 몰리지만, 저녁에는 직장 일을 끝내고 나온 젊은이들이 줄을 서는 곳이다. 이곳은 다른 곳의 피자처럼 주문을 하여 들고 집으로 돌아가는 것이 아니라, 현지에서 먹으며 담소하는 것으로 유명세를 타고 있다. 업무상 혹은 친구끼리 여가를 보낼 겸하여 권하는 저녁식사와 함께, 뒤풀이격인 차를 마시는 일까지 겸할 수 있어 시간상으로나 경제적으로나 아주 편리함을 주는 곳이다. 어떤 때는 조용한 방을 택하여 피자가 구워지는 동안 진지한 회의를 하기도 하며, 때로는 적당히 엉덩이만 걸친 채 시끌벅적한 토론도 펼친다.

피자를 먹는 장소도 여러 가지가 있다. 둥그런 원탁에 마주보고 앉아 이야기하는 참여형 선술집 형태가 있는가 하면, 작은 방에서 가족끼리 모일 수 있는 정도의 진지형 공간까지 다양하다. 그만큼 많은 부류의 손님을 맞을 수 있다는 장점이 있다. 이렇게 놓고 보면 간식으로 먹던 피자가 익산에서는 주식으로 변해가고 있다는 생각도 든다. 참여형은 서로 의견을 교환하고 참여한다는 뜻이고, 진지형은 진지를 잡수는 곳으로써 약간은 엄숙하면서도 진지하게 이야기 할 수 있는 곳이라는 뜻이다.

그러다 보니 익산 피맛골에서는 예약주문이 필수로 등장하였다. 급한 사람은 말할 것도 없거니와 피자가 구워지는 동안을 기다리는 사람 역시 시간을 효율적으로 활용하기 위한 방편이다. 어떤 음식을 먹기 위하여 미리 예약을 한다는 것은 아주 행복한 일이다. 주문을 하는 사람이야 조금 번거로울지 몰라도 사실은 전혀 그렇지 않다. 식당에 도착하여 미리 정해진 장소에 자리하는 것과, 내가 주문한 음식을 시간에 맞춰 바로 먹을 수 있다는 것은 아주 행복한 일이라 할 수 있다. 그렇지 않으면 요리가 완성되는 동안 나의 귀중한 시간이 허비되기 때문이다.

또한 예약은 업주에게도 아주 편리한 방식이다. 언제 얼마나 많은 손님이 몰릴지를 미리 예측할 수 있으니 서두르다가 음식 맛을 해칠까 염려하지 않아도 되며, 식재료 역시 부족하지 않도록 준비할 수 있기 때문이다.

흔히 다른 식사 예를 들면 설렁탕이나 짜장면을 먹으면서 예약하는 사람은 거의 없지만, 피자를 먹으면서 예약을 한다면 그 것은 아마도 당연한 일일지도 모르겠다. 요리하고 조리하는데 걸리는 시간이 만만치 않으니 말이다. 갓 구워낸 맛있는 피자를 먹고 싶으면 예약을 하고, 시간과 인원에 대한 약속을 지키지 못할 것 같으면 취소를 하여 다른 사람에게 피해를 주지 않는 배려를 동시에 실천하고 있는 곳이다. 이런 이유에서 익산의 피맛골은 익산 음식계의 선도적인 역할을 하는 셈이다.

익산의 피맛골은 이런 외형적인 면에서 유명해진 것만은 아니다. 익산이 가진 특산물을 잘 이용하여 피자에 곁들인 결과 아주 독특한 맛을 그리고 다른 곳에서는 맛볼 수 없는 그런 피자로 더 유명세를 타고 있는 것이다. 서울에 피막골이 있다지만 그곳은 파전이나 빈대떡으로 유명한 곳이다. 게다가 서민들이 양반네의 마차를 피하기 위하여 혹은 양반네를 보면서 고개를 숙여 절하기 싫어서 피하여 숨던 것으로서 출발부터가 다른 곳이다.

영등동 먹자골목에 위치한 피맛골은 하나의 골목에 여러 개의 피자가게가 늘어서 있는 곳으로, 다른 곳의 먹자골목과 별반 다르지 않다. 그런데 여기는 같은 종류의 음식 즉 피자를 파는 가게로만 형성되어 있다는 것이 다르다면 다를 뿐이다. 물론 이런 예의 먹자골목이 다른 곳에 없느냐 하면 그런 것은 아니지만, 익산의 피맛골은 유독 소문이 나있다고 보면 된다. 우선 이름이 서울의 전통 서민 먹자골목인 피막골과 비슷한 것도 있지만, 신세대의 입맛을 위주로 한 것도 특이한 점 중의 하나다.

익산 피맛골에서는 익산의 명품인 고구마를 원료로 한 고구마피자가 주를 이루고 있다. 고구마라 하더라도 밤고구마, 물고구마, 호박고구마가 있으며, 좀 더 세분하면 조생종과 만생종 그리고 자색고구마와 황색고구마 등으로 나눌 수 있다. 게다가 당분 함유량에 따라 구분되어 있으니 필요한 대로 선택하면 된다.

곁들여 나오는 부식으로는 고구마깍두기, 고구마튀김, 고구마케익, 고구마쥬스, 고구마떡, 고구마줄기김치, 고구마줄기장아찌, 고구마줄기된장무침, 고구마수프, 고구마칩, 고구마샐러드, 고구마맛탕, 고구마묵 등이 있다.

만약 피자를 먹기가 영 거북스러운 경우에는 고구마밥이나 고구마식빵, 고구마닭도리탕을 별도로 주문할 수도 있어 어르신들도 무난하게 모실 수 있다. 게다가 빠질 수 없는 것이 막걸리인데, 예로부터 황등막걸리는 자체 생산한 고구마를 이용한 것으로 고구마막걸리의 대명사로 통한다. 예전에 소주를 만드는 주정이 부족한 시절에는 고구마를 이용한 주정이 일정량 차지하고 있었다. 그 당시 황등역에는 각지에서 모여든 고구마가 그야말로 산더미처럼 쌓여 있다가 인근의 소주공장으로 실려 나가곤 하였다.

고구마는 3월 혹은 4월에 종자로부터 순을 내어 5월 혹은 늦어도 6월 초에 본밭에 줄기심기를 한 후, 이르면 8월부터 수확을 시작할 수 있다. 그러나 대체로 정식을 한 후 100일을 채운 고구마가 잘 여물어 제 맛을 낸다고 보면 된다. 지금도 전국으로 유통되는 고구마종순의 70%는 이곳 삼기 고구마종순작목반에서 재배된 것으로 집계되고 있다.

고구마는 위장에 좋은 식재료이며, 식이섬유가 많아 포만감을 주며, 대장의 운동을 활발하게 하여 노폐물을 배출하고, 함유된 베타카로틴은 혈관을 튼튼하게 한다. 비타민 E는 노화방지에 도움이 되며, 이밖에도 철분과 칼슘, 항산화물질 등이 들어있어 성인병 예방에 좋은 그리고 좋은 다이어트식품에 속한다. 생으로 먹어도 좋지만 열에 의한 조리를 하여도 좋은 유용한 식품이다.

고구마는 가을에 저장하여 봄에 싹을 틔우지만, 겨우내 보관 온도가 10~15℃ 정도를 유지하여야 한다. 간혹 차갑게 저장하는 경우가 있는데 그러다보면 부패하기 쉽다.

고구마의 주요 성분은 100g 당 총열량 129Kcal, 탄수화물 31.2g, 단백질 1.43g, 지방 0.14g, 콜레스테롤 0, 섬유질 0.9g, 칼륨 429mg, 칼슘 24.0mg, 철 0.6mg, 나트륨 15.7mg, 비타민 A 19.0㎍, 비타민 B1 0.06mg, 비타민 B2 0.05mg, 비타민 B6 0.27mg, 비타민 C 25.0mg, 비타민 E 0.64mg으로 나타난다. 이

는 감자에 비하여 열량과 탄수화물, 섬유질, 나트륨 등에서 약 2배 이상 많이 들어있으며, 비타민 E , 비타민 A, 지방은 감자에 전혀 들어있지 않은 것에 비하면 절대적으로 많은 양이 들어있는 아주 유용한 식품에 속한다. 물론 이런 수치는 성분을 측정한 고구마 견본품의 상태와 측정자의 조건에 따라 차이가 있을 수 있음을 참고하여야 한다.

아래에 나오는 주류의 성분 분석표는 각 200ml를 기준으로 한 수치이다.

구분		1일권장	소주	맥주	막걸리	위스키	청주	적포도주
에너지	kcal	2,500	282	73	92	473	214	140
탄수화물	g	328		5.5	3.6		8.4	6.7
단백질	g	60		0.6	3.2		1.2	0.3
지방	g	65						
콜레스테롤	mg	300						
섬유질	g	25						
칼슘	mg	700		3.9	12		4.0	14.0
철	mg	15			0.2			1.0
나트륨	mg	2,000		10	12	6.7	4.4	11.7
비타민 A	㎍	700						
비타민 B	mg	3.7		0.04	0.06			0.02
비타민 C	mg	100			2			
비타민 E	mg	10						

(계속)

명품 KIN한 생생 FUN한 익산프로젝트

초판 인쇄 | 2017년 1월 27일
초판 발행 | 2017년 1월 27일

저　　자 아문각

책임편집 윤수경

발 행 처 도서출판 지식과교양
등록번호 제 2010-19호
주　　소 서울시 도봉구 쌍문1동 423-43 백상 102호
전　　화 (02) 900-4520 (대표) / 편집부 (02) 996-0041
팩　　스 (02) 996-0043
전자우편 kncbook@hanmail.net

ISBN 978-89-6764-071-2　03090
　　　　　　　　　　　　　　　　　　　　　　　　　　　　　정가 8,000원